会計による経営管理

村田 直樹
相川 奈美　編著

税務経理協会

はしがき

　本書は，原価計算および管理会計の概説書として企図されたものである。従来，原価計算および管理会計の入門書は，会計学の体系に沿って，原価計算および管理会計の手法を解説するものが一般的である。つまり，原価情報作成者の論理に従って原価計算および管理会計の技法が説明されてきた。これは，管理会計を経営管理のための会計と位置づけるものである。しかし，本書では，原価情報の利用過程が問題であり，経営管理を前提とした原価情報利用者，すなわち各階層の管理者の観点から，原価計算および管理会計の技法を解説している。このような著者たちの統一した認識から，本書の表題を「会計による経営管理」とすることとした。

　したがって，本書では，原価計算および管理会計の技法が，企業管理のどのような場面で利用され，どのような機能を発揮するかを明らかにするため，各章の説明項目の前に具体的な事例を明示して，原価計算および管理会計の各技法の理解を深めるよう配慮している。本書の構成は，第1章から第6章において原価計算の基礎概念と各原価計算を解説し，第7章において決算との関係を説明して後，第8章から第15章において標準原価計算から管理会計の各技法を解説するものとなっている。また，補章では，中小企業において重要な問題でありながら，あまり解説されることのなかった，中小企業の企業管理と原価計算の問題を取り上げ解説している。

　本書は，大学において原価計算論もしくは管理会計論等の講義を担当する教員を中心として，基本的な本書のコンセプトを検討し，企業における原価計算および管理会計の問題点をリサーチした上で，本書の構成を検討したものではあるが，広範な原価計算および管理会計の領域を包括的に叙述するため，紙数の制約もあり，各項目の一部を圧縮せざるを得なかった。読者賢者の忌憚のないご意見やご批判を賜れば幸いである。

　本書の出版にあたっては，株式会社税務経理協会取締役社長大坪嘉春氏，お

よび同社シニアエディター峯村英治氏に多大なご配慮をいただいた。深甚の謝意を表す次第である。

 2012年3月20日

三崎町にて
編著者

執筆者紹介 (執筆順)

村田　直樹　　第1章・第7章
　元日本大学経済学部教授

相川　奈美　　第2章・第13章
　名城大学経営学部准教授

浦田　隆広　　第3章・第11章・第14章
　久留米大学商学部教授

楠　由記子　　第4章・第12章
　青山学院大学経営学部教授

小杉　雅俊　　第5章
　弘前大学人文社会科学部准教授

春日部　光紀　　第6章・第15章
　北海道大学大学院経済学研究院准教授

大槻　晴海　　第8章・第9章
　明治大学経営学部准教授

沼　恵一　　第10章・補章
　税理士・日本大学経済学部非常勤講師

目　　次

はしがき

第1章　経営の基礎となる原価情報
　　　　―原価計算・管理会計の基礎― ……………………… 1
　1．原　価　計　算 …………………………………………………… 1
　2．工業簿記，原価計算，管理会計 ………………………………… 3
　3．原価計算の目的 …………………………………………………… 4
　4．原価要素の分類 …………………………………………………… 5
　（1）　発生形態による分類 ………………………………………… 6
　（2）　製品との関連による分類 …………………………………… 6
　（3）　操業度との関連による分類 ………………………………… 7
　5．原　価　概　念 …………………………………………………… 8
　（1）　実際原価と標準原価 ………………………………………… 8
　（2）　製品原価と期間原価 ………………………………………… 9
　（3）　全部原価と部分原価 …………………………………………10
　（4）　特殊原価概念 …………………………………………………10
　6．原価計算の種類 ……………………………………………………11
　（1）　実際原価計算と標準原価計算 ………………………………11
　（2）　全部原価計算と部分原価計算 ………………………………11
　（3）　総合原価計算と個別原価計算 ………………………………11
　（4）　費目別原価計算・部門別原価計算・製品別原価計算 ……12

第2章　実際原価計算による価格設定 ……………………………15
　1．価格設定の基礎 ……………………………………………………15

    2．実際原価計算の基礎 …………………………………17
    3．材　料　費 ……………………………………………17
      (1) 材料費の種類 ……………………………………17
    4．材料の購入と記帳 ……………………………………18
      (1) 材料購入の手続 …………………………………18
      (2) 材料購入の記帳 …………………………………19
      (3) 材　料　副　費 …………………………………20
    5．材料の保管 ……………………………………………21
    6．材料の消費 ……………………………………………22
      (1) 材料消費時の仕訳および勘定記入 ……………22
      (2) 消費数量の計算 …………………………………22
      (3) 消費単価の計算 …………………………………23
    7．労　務　費 ……………………………………………25
      (1) 労務費の種類 ……………………………………25
      (2) 支払賃金額の計算 ………………………………26
      (3) 消費賃金額の計算 ………………………………27
      (4) 予定賃率による賃金消費額の計算 ……………28
    8．経　　　費 ……………………………………………28
      (1) 経費の内容と分類 ………………………………28
    9．製造間接費 ……………………………………………29
      (1) 製造間接費の配賦基準 …………………………29
      (2) 配賦額の計算 ……………………………………30

第3章　受注生産のための個別原価計算 ………………………37
    1．個別原価計算の基礎 …………………………………37
    2．個別原価計算の手続 …………………………………38
    3．製造間接費の予定配賦 ………………………………42
    4．仕　損　費 ……………………………………………43

（1）　仕損費の計算 …………………………………………………………43
　　（2）　仕損費の処理 …………………………………………………………44

第4章　部門別原価計算による正確な原価情報の提供と原価管理……45
　1．部門別原価計算の意義 ……………………………………………………46
　　（1）　製品原価計算の手続 …………………………………………………46
　　（2）　原 価 部 門 ……………………………………………………………47
　　（3）　部門別計算の意義 ……………………………………………………47
　2．部門別原価計算の手続 ……………………………………………………48
　　（1）　部門別計算における計算対象 ………………………………………48
　　（2）　製造間接費の部門別計算 ……………………………………………48
　3．部門別原価計算と原価管理 ………………………………………………52
　　（1）　補助部門費の配賦に関する問題 ……………………………………52
　　（2）　複数基準配賦法 ………………………………………………………52

第5章　大量生産のための総合原価計算（1）……………61
　1．総合原価計算の基礎 ………………………………………………………61
　2．単純総合原価計算 …………………………………………………………66
　3．工程別総合原価計算 ………………………………………………………69
　4．組別総合原価計算 …………………………………………………………74

第6章　大量生産のための総合原価計算（2）……………79
　1．等級別総合原価計算 ………………………………………………………79
　2．仕損・減損 …………………………………………………………………83

第7章　工場会計の独立と決算のための計算……………89
　1．工場会計の独立 ……………………………………………………………89

2．製品の完成 …………………………………………………92
　（1）個別原価計算の記帳手続 …………………………………92
　（2）総合原価計算の記帳手続 …………………………………92
　3．製造原価報告書 ………………………………………………93

第8章　原価管理—コスト・コントロール—のための原価計算 …………97

　1．原価管理の意義 ………………………………………………97
　（1）コスト・コントロールとコスト・マネジメント …………97
　（2）原価管理の仕組み …………………………………………98
　2．コスト・コントロールのための原価概念 …………………99
　（1）実際原価 ……………………………………………………99
　（2）標準原価 ……………………………………………………100
　3．コスト・コントロールのための原価計算 …………………103
　（1）標準原価計算の意義 ………………………………………103
　（2）標準原価計算によるコスト・コントロール ………………104
　4．標準原価計算の手続 …………………………………………105
　（1）原価標準の設定と指示 ……………………………………105
　（2）標準原価と実際原価の計算 ………………………………106
　（3）標準原価差異の測定と分析 ………………………………112
　（4）経営管理者への原価報告 …………………………………124

第9章　原価管理—コスト・マネジメント—のための原価計算 …………129

　1．現代における原価管理 ………………………………………130
　（1）現代の生産環境 ……………………………………………130
　（2）標準原価計算による原価管理の限界 ………………………130
　（3）現代における原価管理の体系 ………………………………131

（4）コスト・コントロールと原価維持 …………………………… 132
　（5）コスト・マネジメントと原価改善 …………………………… 133
　（6）戦略的コスト・マネジメントと原価企画 …………………… 134
　（7）原価企画・原価維持・原価改善の相互関係 ………………… 136
　2．コスト・マネジメントと戦略的コスト・マネジメント
　　　のための原価概念 ……………………………………………… 137
　（1）コスト・マネジメントのための原価概念 …………………… 137
　（2）戦略的コスト・マネジメントのための原価概念 …………… 138
　3．コスト・マネジメントのための原価計算 …………………… 139
　（1）改善原価計算の意義 …………………………………………… 139
　（2）目標原価改善額の設定と割当 ………………………………… 141
　（3）実際原価改善額の計算 ………………………………………… 142
　（4）原価改善差異の測定と分析 …………………………………… 144
　（5）経営管理者への報告 …………………………………………… 145
　4．戦略的コスト・マネジメントのための原価計算 …………… 151
　（1）目標原価計算の意義 …………………………………………… 151
　（2）目標原価の設定と細分割付 …………………………………… 153
　（3）目標原価の達成活動 …………………………………………… 155
　（4）原価見積と目標原価差異の測定 ……………………………… 155
　（5）目標原価差異の報告 …………………………………………… 156
　（6）マイルストーン管理 …………………………………………… 157

第10章　直接原価計算による貢献利益の測定
　　　　　―不況期のための原価計算― ……………………………… 163
　1．直接原価計算の意義 …………………………………………… 163
　2．変動費と固定費の分解 ………………………………………… 163
　（1）過去の実績にもとづく方法 …………………………………… 164
　（2）過去の実績にもとづかない方法 ……………………………… 164

3．直接原価計算にもとづいた損益計算書 ………………… 166
　　4．直接原価計算を利用した分析 ………………………………… 167
　　5．直接原価計算の特徴 …………………………………………… 172

第11章　目標利益を達成するための計算 ……………… 175
　　1．損益分岐点分析の基礎 ………………………………………… 175
　　2．損益分岐点分析の前提 ………………………………………… 176
　　3．損益分岐点図表 ………………………………………………… 177
　　4．損益分岐点分析 ………………………………………………… 179
　　5．原価の固変分解 ………………………………………………… 182
　（1）　費目別精査法 ………………………………………………… 182
　（2）　散布図表法 …………………………………………………… 183
　（3）　高 低 点 法 …………………………………………………… 183
　（4）　最小自乗法 …………………………………………………… 185

第12章　活動基準原価計算による製品戦略 …………… 187
　　1．環境の変化―ABC登場の背景― …………………………… 187
　　2．伝統的原価計算 ………………………………………………… 188
　（1）　伝統的原価計算による製造間接費の配賦 ………………… 188
　（2）　伝統的原価計算の問題点 …………………………………… 190
　　3．活動基準原価計算（ABC） …………………………………… 191
　（1）　ABCとは …………………………………………………… 191
　（2）　ABCの仕組み ……………………………………………… 191
　　4．ABCと伝統的原価計算との違い …………………………… 193
　（1）　計　算　例 …………………………………………………… 193
　（2）　ABCの意義 ………………………………………………… 196
　　5．活動基準原価管理（ABM） …………………………………… 197
　　6．製造業以外への適用 …………………………………………… 198

目　次　7

第13章　特殊原価調査による経営意思決定 …………… 201
　1．特殊原価調査の概要 ……………… 201
　2．特殊原価の種類 ……………… 202
　3．特殊原価調査の手順 ……………… 203

第14章　品質原価計算によるコスト・マネジメント …… 213
　1．品質原価計算の基礎 ……………… 213
　2．品質コスト ……………… 213
　（1）　予防コスト ……………… 214
　（2）　評価コスト ……………… 214
　（3）　失敗コスト ……………… 214
　3．品質コスト報告書 ……………… 215
　4．品質コスト分析 ……………… 217

第15章　設備投資のための経済性計算 ……………… 223
　1．設備投資の要件 ……………… 223
　2．伝統的方法による設備投資の判定 ……………… 225
　3．DCF法による設備投資の判定 ……………… 229

補章　原価計算による中小企業の経営管理
　　　―下請け企業の原価計算― ……………… 235
　1．コスト・ダウンとコスト・リダクション ……………… 235
　2．直接原価計算の考え方 ……………… 236
　3．下請け企業の解決策 ……………… 239
　（1）　受注生産か見込み生産か ……………… 239
　（2）　コスト・ダウンとコスト・リダクション ……………… 239
　4．原価計算制度導入の目的および問題点 ……………… 240
　5．商的工業簿記 ……………… 241

6. 中小企業の原価管理 …………………………………………… 244

索　　引 ………………………………………………………… 245

会計による経営管理

第1章

経営の基礎となる原価情報
―原価計算・管理会計の基礎―

> 製薬会社の営業部に勤務するK君は，家庭の事情で，家業である精密機械の製造会社（コジハル製作所（株））を継ぐことになった。同社の社長であった父親は，日頃から，経営で一番重要なのは原価であると言っており，原価計算や管理会計の知識が不十分であると考えたK君は，大学のゼミの先生から紹介を受けて，原価計算を担当するA教授に原価計算と管理会計の基礎知識のレクチャーを受けることにした。

1．原 価 計 算

　企業が経済活動を行うために，原材料，労働力，設備，電力などの経済的資源が消費される。このように企業が特定の経済活動によって特定の目的を達成するために犠牲にされた経済的資源の貨幣的測定額を**原価**（cost）という。原価計算制度を前提とした原価の本質について，『原価計算基準』では，「原価とは，経営における一定の給付にかかわらせて，は握された財貨又は用役の消費を，貨幣価値的に表したもの」と規定している。

　しかし，社会経済的にみれば，生産物の価値は以下のように構成される。

　　$W = C + V + m$

　　　$W = $ 生産された商品
　　　$C = $ 不変資本の摩損部分
　　　$V = $ 賃金・材料費などの可変資本消費部分

m＝剰余価値

このとき，剰余価値（m）は，労働者が自己の労働力の再生産に必要となる社会的かつ平均的必要労働時間を超過する剰余労働時間に対応するものである。したがって，労働者にとっては，自分が支出した労働に対する成果であって，生産された商品の社会的構成要素である。つまり，生産物の原価は，商品そのものの生産に労働者の消費した価値をいうことになる。しかし，企業経営者や資本家にとっては，この剰余価値は生産された商品の社会的な構成要素として認識されず，企業経営者や資本家はこれを自己の経営に対する報酬や資本の利子として把握して，生産された商品の売価構成要素として取り扱うことなる。したがって，現代の原価計算では，剰余価値は生産された商品の原価構成要素から除外され，貨幣の支出だけが原価構成要素の真実な要因として認識されることになる。つまり，C＋Vすなわち費用価格をもって商品の生産原価とするところに現代の原価計算の特徴がある。さらにこのような原価計算のもとでは，Cの減価償却などの不変資本の価値移転部分と，Vの賃金および材料費などの可変資本の消費部分との基本的な差異が無視されて，同一視され，その結果として，商品価値は費用価格プラス利益として認識されることになる。つまり，原価は社会的な側面から理解されることはなされず，私的なビジネス・コストとして計算技術的な側面から把握されることになる。したがって，『原価計算基準』における定義も，支出原価概念を中心としたビジネス・コストを念頭に置いたものとなっているのである[1]。

原価計算（costing）がいつ生成したかについては，数多くの意見が存在する。紀元前の古代奴隷制社会を起源とするもの[2]や，中世イタリアの問屋制家内工業にその起源を求める意見もある[3]。また，イギリス産業革命期の産物とするものやイギリス産業資本の確立期を原価計算の生成期とする意見もみられる[4]。これらは，原価計算の定義を何に求めるかによって，原価計算の起源に何が基準となるかが違ってくるためである。近代的な意味での原価計算は，原価要素の集計だけでなく，**製造間接費の配賦計算**が重要な要素となっている。産業革命期の分業による協業と機械化は，生産過程の変化をもたらし，原

価の要素別管理，とくに製造間接費の配賦が課題となった。また，この時期の企業財務構造も大きく変化し，簿記と原価計算の融合，すなわち期間損益計算の体系の中に原価計算を組み込むことが課題となっていった。これらが，材料費と労務費による原価計算すなわち**素価計算**から脱却して，実際原価計算の生成とその精緻化の要因となったのである。

2．工業簿記，原価計算，管理会計

工業簿記とは，製品の製造を主とする企業において，その産業資本の循環過程を反映することによって，経済的価値の測定を行う簿記である。工業簿記では，生産過程で発生したすべての費用は，製品の製造原価を構成するものとして記録・計算し，材料，賃金，減価償却費などの個別の勘定で集計され，これを総合的に把握・計算するために製造勘定あるいは仕掛品勘定が用いられる。

工業簿記では，これらの記帳記録によって月次損益計算書，月次貸借対照表，製造原価報告書などが定期的に作成される。

工業簿記は，原価計算などと計算上の素材を共通に利用するため，工業簿記の記録・計算は原価計算による成果を利用することが一般的である。また，原価計算は勘定を通じた簿記の自己管理機能を持っていないため，工業簿記との関連において，貸借理論にもとづく簿記の総括的な記録を通じて自己管理機能を持つことになる。

管理会計は，企業の経営者や各階層の管理者に対して，企業の経済活動が一定の成果を上げられるように，経営管理のための財務情報を提供するものである。経営計画として具体化する目標に従って，諸過程が合理的に遂行されるよう管理・統制するため，会計は統制によって規定された記録・計算を行う。ここで，会計は管理・統制と直接的に結びつき，管理のあり方が会計を規定していくことになる。この会計と管理・統制の関係を管理の側面から捉えたものが管理会計である。管理会計は，原価計算と原価情報を共有するが，資本主義経済の深化や重層し多階化する企業組織に対して，原価計算の管理的機能では十

分対応することができず，企業の意思決定や業績評価に有用な原価概念を包摂する会計システムへと展開したのである。

3．原価計算の目的

『原価計算基準』は，原価計算の目的を以下のように定めている。
① 企業の出資者，債権者，経営者等のために，過去の一定期間における損益ならびに期末における財政状態を財務諸表に表示するために必要な真実の原価を集計すること（**財務諸表作成目的**）。
② 価格計算に必要な原価資料を提供すること（**価格計算目的**）。
③ 経営管理者の各階層に対して，原価管理に必要な原価資料を提供すること（**原価管理目的**）。
④ 予算の編成ならびに予算統制のために必要な原価資料を提供すること（**予算編成・予算統制目的**）。
⑤ 経営の基本計画を設定するにあたり，これに必要な原価資料を提供すること（**経営計画目的**）。

企業が財務諸表を作成するにあたって，原価計算は売上原価の算定を通じて損益計算書の作成と，製品，半製品，仕掛品などの棚卸資産の計上を通じて貸借対照表作成に関連している。『原価計算基準』は，原価計算に対して，財務諸表を作成するために必要な原価を集計することを要求している。また，『原価計算基準』は，原価を集計するための要件として，原則として実際原価を集計すること，財務会計機構と有機的に結合して行われることをあげている。

『原価計算基準』が規定する目的のうち財務諸表作成目的以外の目的は，意思決定と業績管理目的に関するもので，生産過程ばかりでなく全社的な活動に関する領域に関するものである。したがって，②～⑤に対する原価資料は，製造原価の枠を遙かに超えたもので，管理会計の領域に踏み込んだものでなければならない。現代の原価計算は，原価管理側面を重視し，原価記録から科学的な原価分析への転換がはかられ，原価会計の領域をはるかに超えて展開している。

原価計算に多様な目的が存在するのは，原価計算が製品原価計算，計画・統制，意思決定などの特定の目的をもった計算システムだからである。したがって，原価計算には，目的に対応した種々の原価計算がある。製品原価計算目的では，財務諸表作成目的に対応する実際原価計算，原価管理目的に対応する標準原価計算，貢献利益計算に対応した直接原価計算などがある。計画・統制目的では，支出原価を基礎とした経営管理の諸側面に活用される原価諸概念による計算が行われる。たとえば，操業度に対応する原価態様としての変動費（操業度に応じて変動する費用）および固定費（操業度に対して一定である費用）の分解や，原価の発生原因に対応したキャパシティ・コスト（生産販売能力を維持するためのコスト）あるいはアクティビティ・コスト（生産販売能力の運用に関連して発生するコスト），長期経営計画や予算の編成と統制に関連したコミッテッド・コスト（経営者の長期的な意思決定によってのみ変更可能なコスト）およびマネジド・コスト（経営者の短期的な意思決定によって発生額を変更できるコスト）などの原価概念を活用して諸目的に対応した計算が行われる。意思決定目的では，設備投資や組織再編などの戦略的意思決定ばかりでなく，プロダクト・ミックスや追加注文の諾否などの業務意思決定を含み，支出原価概念を超えた機会原価や差額原価あるいは埋没原価などの原価概念が使用される。

4．原価要素の分類

　原価計算は，基本的に製品を製造するためにかかった費用を計算する手続きである。その際に用いられる原価は，通常2つの意味に用いられる。一つは，製品を製造するためにかかった費用で，製造原価という。いま一つは，この製造原価に，製品の販売のためにかかった費用である販売費と企業全般の管理にかかった費用である一般管理費を加えたものを総原価という。

　総原価＝製造原価＋販売費および一般管理費

　製造原価に含めるのは，製品の製造に要した費用のみであり，総原価は，製品の製造，製品の販売，企業の全般的な管理の費用が含まれる。したがってそ

れ以外の費用は原価に含めない。たとえば，支払利息や割引料など金融上の費用や火災損失など異常な原因による損失は原価に含めない。これらを**非原価項目**という。

製造原価はいくつかの要素によって構成されている。この原価を構成する要素を原価要素という。この原価要素は，種々の観点から分類することができる。

（1） 発生形態による分類

原価要素はその発生形態によって材料費，労務費，経費に分類される。

材料費は製品製造のために消費した材料の消費高で，製品の主な構成部分となる主要材料の消費高を示す素材費，外部から購入した製品に取り付ける部品材料の消費高を示す買入部品費などがある。

労務費は，製品の製造のため消費した労働力の消費高を労務費という。労務費には，賃金（製造現場の従業員に対するもの）と給料（工場長，工場事務員などに対するもの）がある。

経費は，製造に関する費用のうち，材料費と労務費以外の原価要素である。たとえば，外注加工費，減価償却費，賃借料，保険料，修繕費，電力料，ガス代，水道料などである。

（2） 製品との関連による分類

原価要素は，特定の製品との関連によって製造直接費と製造間接費に分類される。**製造直接費**とは，特定の製品を製造するだけのために消費され，その製品の原価として直接集計することができる原価要素のことで，以下の3つの原価に分類される。

直接材料費（特定の製品の製造に直接消費した素材，買入部品の消費高）

直接労務費（特定の製品の製造に直接作業した従業員の賃金）

直接経費（特定の製品の製造に直接消費した外注加工費）

製造間接費とは，いろいろな製品を製造するために共通に消費され，特定の

製品の原価として直接集計することのできない原価要素のことである。製造間接費も以下の3つに分類される。

　　間接材料費（たとえば，動力用の燃料費など）

　　間接労務費（たとえば，工場長の給料など）

　　間接経費（たとえば，工場の電力料など）

製造間接費は，いろいろな製品の製造について共通に発生するため，特定の製品に直接集計することができない。そこで，一定の基準を設けて製造間接費を各製品に配分する。この手続を配賦という。

製造原価と総原価の構成を示すと図表1－1のようになる。

図表1－1　原価の構成

直接材料費 直接労務費 直接経費	製造間接費	販売費および一般管理費	利益	販売価格
	製造直接費	製造原価	総原価	

（3）　操業度との関連による分類

原価要素は，操業度との関連によって固定費，変動費，準固定費，準変動費に分類される。操業度とは，設備の生産能力の利用度のことで，生産量，直接作業時間，機械運転時間などによって測定される。

固定費とは，操業度の変動に関わりなく，一原価計算期間の発生額が一定している原価要素のことで，たとえば，減価償却費，保険料，支払利息，租税公課，賃借料などがある。

変動費とは，操業度の変動にともなって，その発生額も比例的に増減する原価要素のことで，たとえば，直接材料費や出来高払賃金などがある。

準固定費とは，ある範囲の操業度の変動では原価の発生が固定化しているが，その範囲を超えると急増し，再度一定の範囲内で固定化する原価要素のこ

とで，たとえば，監督者の給料などがある。

準変動費とは，操業度がゼロの場合でも，一定額の原価が発生し，操業度の増減に比例して変動する原価要素のことで，たとえば，電力料などである。

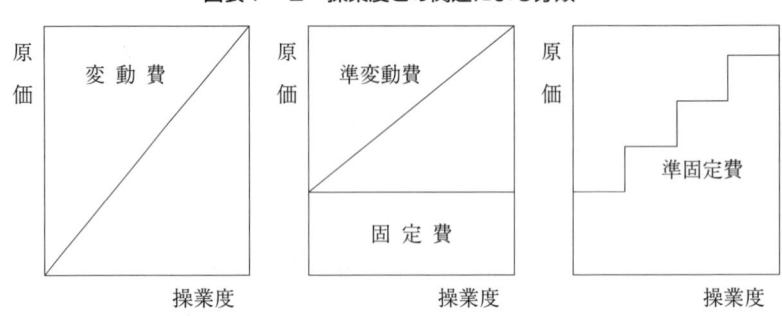

図表1－2　操業度との関連による分類

5．原 価 概 念

(1) 実際原価と標準原価

実際原価と標準原価の区別は，基本的に，原価をいつ計算するかの時点による区分である。

実際原価は，製品の製造がすべて終了した時点の実際に発生した原価で，財貨および用役の実際消費量と単位当たりの実際価格の積として測定される。

　　実際原価＝実際消費量×実際価格

実際価格は，事後的であるため，予定価格を用いることもある。

　　実際原価＝実際消費量×予定価格

これに対して，**標準原価**は，製品の製造以前に計画や統制のため，あるいは原価計算手続を迅速にする目的で，製品を財貨および用役の消費量を科学的，統計的調査にもとづいて能率の尺度となるよう予定し，予定価格もしくは固定価格との積によって測定する。

　　標準原価＝標準消費量×標準価格（予定価格もしくは固定原価）

ここにおける科学的・統計的調査とは，時間研究や動作研究などの各種の工学的手法を用いることを意味し，標準原価は実際の製造活動の後に計算された実際原価と比較することで，その製造活動の効率性を判断する基準となる。

（2） 製品原価と期間原価

この区別は，原価を収益と対応させて損益計算を行うためのものである。**製品原価**は製品の製造原価であり，**期間原価**は一会計期間中に発生した費用であり，製品の製造には直接関連しない原価である。期間原価は製品の製造作業とは直接的な因果関係がないため，製品原価に含めることはできない。そこで，会計期間という時間を基準として集計するものである。期間原価は会計上，販売費および一般管理費と呼ばれるものである。製品原価と期間原価の区別は，製造業の損益計算の視点から重要な区分であるといえる。製造業においては以下のような過程を経て，損益計算が行われる。

① 売上高－売上原価＝売上総利益

売上原価は以下のような方法で求められる。

　　売上原価＝期首製品棚卸高＋当期製品製造原価－期末製品棚卸高
　　当期製品製造原価（製品原価）＝当期総製造費用＋期首仕掛品棚卸高
　　　　　　　　　　　－期末仕掛品棚卸高

このように製品原価は売上原価に含まれ，売上高と直接的に対応され，売上総利益が計算される。売上総利益は製品の製造活動と販売活動の関係の良否が示され，製品を媒介として製造活動と販売活動が対応されることから，個別的対応と呼ばれる。

② 売上総利益－販売費および一般管理費＝営業利益

期間原価である販売費一般管理費は，営業利益を算出するために，売上総利益に対応させられる。営業利益は販売活動の良否を示し，販売費および一般管理費は直接的に売上高と対応されるのではなく，また，一会計期間を基準として集計されるため，期間的対応と呼ばれる。以下当期利益の計算は，

③ 営業利益＋営業外収益－営業外費用＝経常利益

④ 経常利益＋特別利益－特別損失＝当期利益

（3） 全部原価と部分原価

全部原価と部分原価の区別は，原価の集計範囲による区分である。**全部原価**は製品の原価を集計する場合に，原価要素である材料費，労務費，経費をすべて集計したものである。一般に製品の原価といえば，全部原価を意味している。これに対して，**部分原価**は，材料費，労務費，経費うち，一部の原価要素を集計したものである。これは，原価計算が管理目的に使用される場合のもので，たとえば，直接材料費以外の原価要素を集計した加工費や製品の生産量に比例して発生額が増減する原価要素である変動費などがある。

（4） 特殊原価概念

特殊原価は原価計算制度上の原価と異なり，支出原価概念から離れて，経営者の意思決定の基礎資料などに用いるため，特殊原価調査などに用いられる原価概念で，主に，以下のようなものがある。

① **機会原価**（経済的資源を断念した機会に使用していれば，得ることができたと想定される最大の利得）
② **キャパシティ・コスト**（生産活動と販売活動に必要な物的設備と人的組織を維持していくために継続的に発生する原価）
③ **関連原価**（原価の管理者が直接管理できる原価）
④ **限界原価**（素価と変動製造間接費の合計額）
⑤ **埋没原価**（回収不能な過去の原価，もしくは現在の意思決定プロセスで関連性を持たない過去の原価）
⑥ **増分原価**（2つの代替案のうち一方を選択した結果生じる総原価の増加額，あるいは操業度の変化によって生じる原価要素の増加額）
⑦ **回避可能原価**（企業の経営目的を果たすために必ずしも必要としない原価）

6．原価計算の種類

　原価計算は，その計算目的や企業の生産形態の違いによって，これらに対応する種々の原価計算がある。

（1） 実際原価計算と標準原価計算
　実際原価計算と標準原価計算の違いは，集計される原価が実際原価であるかどうかによる。**実際原価計算**は製品の製造に従って，原価が集計され，製品の製造が終了する時点で，製造原価が求められる。これに対して**標準原価計算**は標準原価の設定を基礎として，実際原価計算制度の原価の流れの中に，標準原価を組み込むことによって実際原価と標準原価の差異を計算して，原価管理を行う原価計算である。

（2） 全部原価計算と部分原価計算
　全部原価計算は，原価要素のすべてを製品原価とする原価計算で，通常，原価計算といえば，全部原価計算をいう。これに対して，**部分原価計算**は原価要素の一部を集計する原価計算で，直接原価計算はその代表的な原価計算である。直接原価計算では，すべての原価要素を固定費と変動費に分解し，利益管理を目的として，変動製造原価のみを製品原価とする原価計算である。

（3） 総合原価計算と個別原価計算
　一般に，**総合原価計算**は，同一品質もしくは単一種類の製品を連続的に生産する企業に用いられる原価計算である。総合原価計算では，一原価計算期間の生産に要した費用を集計し，総製造費用を求め，これを生産数量で割って製品1単位当たりの製造原価を計算する。総合原価計算は，製品の製造方法によって，**単純総合原価計算，工程別総合原価計算，組別総合原価計算，等級別総合原価計算**などに分類される。これに対して，個別原価計算は，種類や形状などの異なる特定製品を生産する企業によって用いられる原価計算である。**個別原

価計算では，製造指図書別に原価を集計し，個別製品ごとの原価を計算する原価計算である。

（4） 費目別原価計算・部門別原価計算・製品別原価計算

原価計算で製品原価を計算する場合，通常3つのステップを経て計算される。第1ステップは，**費目別原価計算**で，ここでは，原価要素である材料費，労務費，経費について各原価要素別に消費高の計算を行う。第2ステップでは，工場における各部門別に各原価要素の消費高を計算する。これを**部門別原価計算**と呼ぶ。第3ステップは，費目別原価計算および部門別原価計算を経て集計された各要素の消費高を製品別に集計して，製品1単位当たりの原価を計算する。このステップを**製品別原価計算**という。企業の規模や形態によって，費目別原価計算から直接，製品別原価計算を行う場合もある。

図表1－3　原価計算の手順

第1ステップ	→	第2ステップ	→	第3ステップ
費目別原価計算	→	部門別原価計算	→	製品別原価計算

【問題1－1】

特殊印刷の精密機械を製造販売するコジハル製作所（株）では，競争相手も少なく，業績も順調であることから，実際原価計算によって製造原価を計算し，販売費および一般管理費を考慮して，月次で総原価を算出している。

以下の資料は，5月期における諸費用の金額である。資料にもとづいて，製造直接費，製造間接費，製造原価，総原価を計算しなさい。

＜資料＞

直接材料費　　500,000円　　　間接材料費　　130,000円

直接労務費	700,000円	間接労務費	170,000円
直接経費	200,000円	間接経費	210,000円
販売費および一般管理費	600,000円		

（１）製造直接費　　　　　円　　（２）製造間接費　　　　　円
（３）製造原価　　　　　　円　　（４）総原価　　　　　　　円

【解答・解説】

（１）製造直接費＝直接材料費＋直接労務費＋直接経費
　　　500,000円＋700,000円＋200,000円＝1,400,000円

（２）製造間接費＝間接材料費＋間接労務費＋間接経費
　　　130,000円＋170,000円＋210,000円＝510,000円

（３）製造原価＝製造直接費＋製造間接費
　　　1,400,000円＋510,000円＝1,910,000円

（４）総原価＝製造原価＋販売費および一般管理費
　　　1,910,000円＋600,000円＝2,510,000円

（注）

１）　村田直樹・高梠真一・浦田隆広編著『管理会計の道標－原価管理会計から現代管理会計へ－』税務経理協会　1999年　５－６ページ。
２）　A. Perren, "The Development of Cost Accounting in Europe", *N.A.C.A Bulletin*, June 1st, 1944, p.1059.
３）　S. P. Garner, *Evolution of Cost Accounting to 1925*, Alabama, 1945, p.3.
４）　W. Scott, *The Principle and Practice of Cost Accounting*, Sydney, 1947, p.7.

〈参考文献〉

高梠真一（編著）『管理会計入門ゼミナール』創成社　2011年。
長松秀志『現代管理会計』税務経理協会　1996年。
西村明・小野博則・大下丈平『ベーシック原価計算』中央経済社　2010年。

第2章

実際原価計算による価格設定

　ＢＲＺ社は，食品の製造・販売を行う企業である。同社は地域に根ざした企業で，地域活性化のため，ご当地の食材を使い新しいご当地お土産の開発をし製造販売に乗り出すことになった。そこで，社長のＮ氏はコンサルティング会社と契約し，原価計算システムの導入を決断した。コンサルティング会社の担当者から，今回の新規開発に関して，実際原価計算を正確に行い，価格を設定する必要があるとアドバイスを受けた。その際，担当者は，実際原価計算および価格設定にさいしての基礎概念を説明してくれた。

１．価格設定の基礎

　価格設定にあたり，考慮すべき基本的要因は，コスト・需要・競争である。これらの要因のうち，どれを重視するかによって，価格設定は，①コスト重視型，②需要重視型，③競争重視型の３つのアプローチに分類される。
　① コスト重視型
　このアプローチには，**原価加算法**があり，これは，単位原価に，ある一定の利幅を加えたものを価格とする方法で，算式で示せば以下のようになる。
　　価格＝製造原価＋一定の利幅（営業費＋純利益）
　原価加算法は，簡単な方法のため，多数の企業で幅広く利用されているが，需要競争などの市場要因を考慮に入れないという難点がある。しかしながら，

注文生産品や公益性の強いサービス産業における価格設定法としては適している。今回，BRZ社はこの方法を採用することにした。この方法以外に，コスト重視型では，**マークアップ法**という価格設定法がある。これは，原価加算法を小売業者や卸売業者に適応させた価格設定法である。算式は以下の2通りがある。

　　価格＝仕入原価＋値入額（営業費＋純利益）
　　価格＝仕入原価＋仕入原価×値入率（利幅の仕入原価に対する割合）

さらに，コスト重視型では，**目標利益法**がある。これは，損益分岐点分析を応用した価格設定法であり，目標販売量のもとで総費用に対する目標利益率をもたらす価格を決定する方法である。算式は以下のようになる。

　　価格＝総費用（1＋目標利益率）×目標販売量

② 需要志向型

この価格決定では，3つの戦略がある。まずは高価格戦略で，価格にさほど左右されない高額所得者層や革新的な消費者層をターゲットとした場合の価格決定方法である。次に，低価格戦略で，価格に敏感な消費大衆を対象にした価格決定方法である。最後に，中間価格戦略で，価格にこだわりを意識しながら，ワンランク上の製品やサービスを求める人々を対象とした価格決定方法である。

③ 競争志向型

この価格決定においては，価格は競争者の提示する価格に基づいて決定される。競争志向型アプローチの特徴は，価格がコストや需要と直接関係がないこと，また，競争に関する情報の入手がコスト計算や需要予測に比べ迅速かつ容易であることが挙げられる。競争志向型の価格決定法の代表的なものに，現行市場価格による価格決定があり，これは，同質または，類似した製品を販売している市場において，供給側は現行市場価格に価格を一致させる傾向がある。また，プライス・リーダーとして，規模，技術，販売力などの競争優勢がある業界の有力企業によって決定された価格に，それ以外の企業が自動的に追随をするのが，プライス・リーダー制（価格先導制）である。また，文書により価

格を提示させ，最高価格を提示した者に販売し，最低価格を提示した者から購入するという売買法である入札制という方法もある。

2．実際原価計算の基礎

　実際原価計算を行う場合，まず，形態別（材料費・労務費・経費）に原価を分類する必要がある。さらに，製品との関係から，直接費と間接費に分類する。

3．材　料　費

（1）材料費の種類

　製造業は，外部から材料を仕入れ，加工をして製品を製造する。製品の製造のために仕入れた材料を消費したときは，その消費高を**材料費**といい，それぞれの性質・用途によって次のように分類する。

　① 素　材　費

　製品の主要な構成部分となる材料の消費高を**素材費**という。素材費は通常，**直接材料費**となる。ただし，素材費のうち工場設備の修繕などに消費した分は，**間接材料費**となる。

　　　素材費……物品が物理的な変化によって製品になるもの
　　　原料費……物品が化学的な変化によって製品になるもの
　例）造船業における鋼材，パン製造業における小麦粉，家具製造業における木材など

　② 買入部品費

　外部から買い入れ，加工されずそのまま取り付けるだけで製品本体の一部となるものを**買入部品**といい，その消費高を**買入部品費**という。買入部品費は通常，**直接材料費**となる。
　例）自動車製造業におけるタイヤ・カーステレオ・窓ガラス，自転車製造業におけるサドル・ライトなど

③ 燃　料　費

製品の製造のために燃料として消費したものを**燃料費**という。燃料費は通常，**間接材料費**となる。

例）ガス，石炭，重油など

④ 工場消耗品費

製品を製造するために補助的に使用されるものを**工場消耗品**といい，その消費高を**工場消耗品費**という。工場消耗品費は通常，**間接材料費**となる。

例）塗料，釘，機械油，くず布，包装用品，電球，石鹸など

⑤ 消耗工具器具備品費

耐用年数が１年未満か，税法上10万円未満のものを**消耗工具器具備品**といい，その消費高を**消耗工具器具備品費**という。通常，**間接材料費**となる。

例）スパナ，ハンマー，ペンチ，ものさしなど

材料は製品の製造関係によって，直接消費されるものを直接材料費，間接的に消費されるものを間接材料費として処理する。材料費は，製品との関係で以下のように分類される。

素　　材　　費	直　接　材　料　費	製　　　　　　造
買　入　部　品　費		
燃　　料　　費	間　接　材　料　費	製　造　間　接　費
工　場　消　耗　品　費		
消　耗　工　具　器　具　備　品　費		

４．材料の購入と記帳

（１） 材料購入の手続

① 倉庫係は在庫量をチェックし必要な分を，**材料購入請求書**を複写で２通作成し，手元に控えを残し仕入係（購入係）へ渡す。

② 仕入係（購入係）は，**材料購入請求書**に基づいて**材料注文書**を複写で３

通作成し，材料を注文する。**材料注文書**は手元に控えを残し仕入先と材料受入係（検収係）に渡す。
③　材料受入係（検収係）は，仕入先より材料が納品されると，現品と**材料注文書**を照合して検品を行い，**材料受入報告書**を複写で3通作成し，手元に控えを残し1通は材料とともに倉庫係に引き渡し，残りの1通は送り状とともに仕入係（購入係）に渡す。
④　倉庫係は，**材料受入報告書**に検印し，**材料台帳（材料棚札）** に受入および残高の数量を記入する。
⑤　仕入係（購入係）は，**材料受入報告書**と送り状にもとづいて，**材料仕入帳**に必要な記入を行い，**材料受入報告書**に単価・金額を記入し送り状とともに会計係に渡す。会計係は**材料受入報告書**にもとづいて，材料元帳へ材料の種類別に，受入高，払出高，残高に関して数量・単価・金額を記入する。

（2）　材料購入の記帳

①　仕入係（購入係）は，材料を購入したとき，特殊仕訳帳である**材料仕入帳**に購入原価で記入する。購入原価は，**材料の購入原価＝購入代価（送り状価額）＋付随費用（材料副費）** となる。付随費用は，材料副費と呼ばれ買入手数料・引取運賃・保険料・荷役費・関税などがある。
②　**材料仕入帳**には，材料の分類にもとづいて，素材・買入部品・工場消耗品などの種類別に購入高を記入する。さらに，代金の支払方法を掛か，もしくはその他かを区別して記入する。
③　仕入係（購入係）は，材料仕入帳の各欄の合計金額を月末や10日ごとに，会計係に報告する。
④　会計係は，材料受入報告書にもとづき材料元帳（材料棚札）に記入し，仕入係（購入係）からの③の報告にもとづいて，月末に普通仕訳帳に合計仕訳を行って，総勘定元帳の各勘定に転記する。

(3) 材料副費

① 材料副費

材料副費とは，材料購入から倉庫に保管し，出庫までに要した費用のうち購入代価以外のもので，**外部材料副費**と**内部材料副費**に分類される。

外部材料副費……材料を引き取るまでに企業外部で発生した副費で，材料の買入手数料，引取運賃，荷役料，保険料，関税などの引取費用。

内部材料副費……企業内部で発生した副費で，材料の購入事務，検収，整理，選別，手入，保管等に要した費用。

〈材料副費を材料の取得原価に算入しないで製品製造原価に算入する方法〉

・材料費に配賦する方法

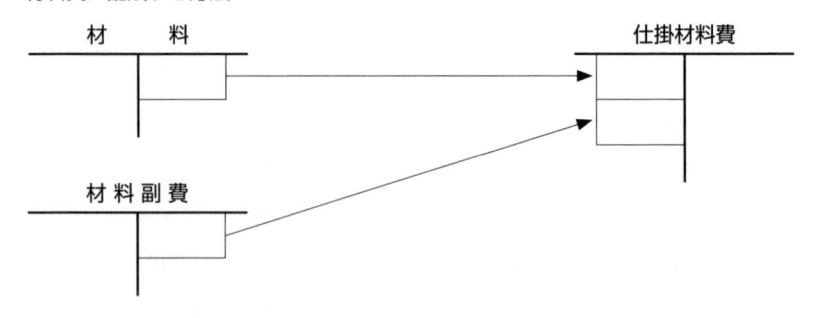

```
     材    料                          仕 掛 材 料 費
 ┌──────┬──────┐              ┌──────┬──────┐
 │      │      │─────────────→│      │      │
 │      │      │          ┌──→│      │      │
 └──────┴──────┘          │   └──────┴──────┘
                          │
     材 料 副 費          │
 ┌──────┬──────┐          │
 │      │      │──────────┘
 └──────┴──────┘
```

・間接経費として処理する方法

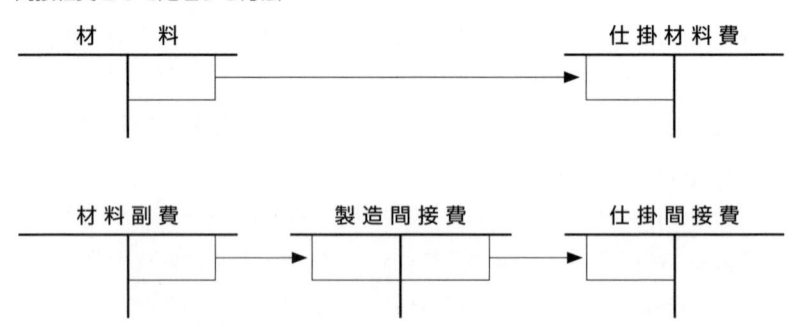

```
     材    料                          仕 掛 材 料 費
 ┌──────┬──────┐              ┌──────┬──────┐
 │      │      │─────────────→│      │      │
 └──────┴──────┘              └──────┴──────┘


   材 料 副 費           製 造 間 接 費           仕 掛 間 接 費
 ┌──────┬──────┐     ┌──────┬──────┐     ┌──────┬──────┐
 │      │      │────→│      │      │────→│      │      │
 └──────┴──────┘     └──────┴──────┘     └──────┴──────┘
```

② 材料副費の計算

材料副費の一部または全部は，購入代価に加算することで購入代価を計算する。材料副費の中でも，内部材料副費は，一部を購入代価に算入しない。購入原価に算入されない内部材料副費は材料費に配賦するか，間接経費として処理される。

5．材料の保管

倉庫係は工場からの請求に応じて，いつでも材料を引き渡せるように，適正な在庫数量を保有しておく必要がある。そこで，材料台帳に材料の種類別に材料の受入・払出および残高数量を記録し，在庫数量を明確にしておく必要がある。材料は，保管中および受払いの際，破損・減失などによって，材料台帳の**残高数量（帳簿棚卸高）**と実地棚卸高とが一致しない場合がある。そのため，企業は定期的に実地棚卸を行い，材料の有高をチェックしている。

帳簿上の残高よりも実地棚卸高が少ない場合を**棚卸減耗**といい，**棚卸減耗費**として処理する。材料の棚卸減耗が発生した場合，減耗分の金額を計算し，材料勘定の金額を減少させ，棚卸減耗費として処理を行う。

棚卸減耗費＝（帳簿棚卸高－実地棚卸高）×仕入単価

（減耗発生時）（借）棚卸減耗費　　××　　（貸）材　　料　　××

仕訳後の材料の帳簿残高は，実地数量と一致する。処理後に調査を行い，正常なものであれば棚卸減耗費を**間接経費**として**製造間接費勘定**へ振り替える。異常なものであれば非原価項目として製造原価に算入せず，損益計算書の**営業外費用**として処理する。

（正常な減耗）（借）製造間接費　　××　　（貸）棚卸減耗費　　××

減耗の発生時にその内容が正常な減耗であると判明している場合は，2つの仕訳を同時に行ってもよい。

（同時に行う場合）（借）製造間接費　　××　　（貸）材　　料　　××

6．材料の消費

（1） 材料消費時の仕訳および勘定記入

材料はその消費時に製品との関係によって，直接材料費に該当するものは**製造勘定（仕掛品勘定）**，間接材料費に該当するものは**製造間接費勘定**に振り替えられる。材料勘定は，資産の勘定であるので，材料受入額は**借方**に消費額は**貸方**に記入される。残高は次月繰越とされ翌月に繰越される。材料の消費高は，次の算式で求める。

材料消費高＝消費数量×消費単価

したがって，材料の消費高を求めるには，材料の消費数量と消費単価の計算が必要となる。

（2） 消費数量の計算

材料の消費数量の計算方法には，**継続記録法**と**棚卸計算法**の2つがある。

① 継続記録法

材料の受入れ，払出しのつど，材料元帳・材料棚札などに数量を継続的に記入し，払出数量を消費数量とする方法である。この方法は，そのつど記帳するので手間がかかるが，帳簿上いつでも消費数量および残高数量が分かるだけでなく，帳簿有高と実際有高を照合して，保管中に生じた棚卸減耗を把握できる。したがって，材料の管理上最も適した方法であって，素材や買入部品など重要な材料の管理には，継続記録法が適している。

② 棚卸計算法

棚卸計算法とは，材料の払出しのつどの記録は行わず，月末など定期的に実地棚卸を行って消費数量を求める方法である。

消費数量＝（繰越数量＋受入数量）－実地棚卸数量

この方法は，記帳の手間は省けるが，保管中に生じた棚卸減耗などを把握できないという欠点がある。しかし，記録が煩雑な燃料・工場消耗品・消耗工具器具備品などの記録には，棚卸計算法の方が適している。

（3） 消費単価の計算

材料の消費単価の計算方法には，**原価法**と**予定価格法**の2つがある。

① 原　価　法

原価法は，購入単価（仕入単価）を基礎として材料の消費単価（払出単価）を計算する方法である。材料は，仕入先からの購入単価で材料元帳に記録される。ただし，同じ材料であっても仕入時期や仕入先などによって，購入単価が異なる場合がある。したがって，次のいずれかの方法により消費単価を計算する。

　a．先入先出法

単価の異なる材料に関して，帳簿上，先に仕入れた材料から先に払出したものとみなして消費単価を計算する方法で，買入順法ともいわれる。

　b．移動平均法

単価の異なる材料について，受入れの際に材料の在庫（残高）の総額を平均してこれを消費単価とする方法である。

$$消費単価 = \frac{直前の残高 + 受入高}{直前の残高数量 + 受入数量}$$

　c．総平均法

単価の異なる材料について，月末に前月繰越分と当月の材料仕入の金額の合計を数量で割ることにより，当月の材料の消費高とする方法である。

$$消費単価 = \frac{前月繰越額 + 当月材料仕入額}{前月繰越数量 + 当月材料仕入数量}$$

② 予定価格法

仕入先や季節等によって材料の購入単価（仕入単価）が変動する場合，材料の消費単価を購入原価で計算すると，同じ材料を使い同じ数量だけ消費した製品でも，その製造原価は異なり能率測定のデータとして利用するのが困難となる。さらに，計算が煩雑となり，月末まで材料費が確定せず，原価計算が遅れるという欠点がある。

そこで，あらかじめ購入原価を予測しておき，これを消費単価として消費高

を計算する。これを**予定価格法**という。材料の消費単価に予定価格を用いることで，計算の簡素化を図ることが可能となり，製品原価も均等化される。しかし，予定価格はあくまでも予想した原価であるため，実際原価の厳密な計算とは異なる。したがって，会計期末に実際原価と予定価格を比較し，調整を行わなければならない。

予定価格を用いた記帳には，**材料勘定のみを使用する場合**と**消費材料勘定（または材料費勘定）を設ける場合**の２つの方法がある。

☆材料勘定のみを使用する場合

1）予定価格による消費高を，**製造勘定（仕掛品勘定）**および**製造間接費勘定の借方**と**各材料勘定の貸方**に転記。
2）実際原価による消費高が，月末に判明したら，**予定価格による消費高との差額（差異）**を各材料勘定から**材料消費価格差異勘定**に振り替える。
3）**材料消費価格差異勘定**は，会計期末にその残高を原則として**売上原価勘定**に振り替える。ただし，その発生額が異常と認められる場合は，**損益勘定**へ振り替える。

☆消費材料勘定（または材料費勘定）を使用する場合

1）月末に１原価計算期間の予定価格による消費高を，製造勘定（仕掛品勘定）および製造間接費勘定の借方と**消費材料勘定**貸方に転記する。
2）実際価格による消費高（実際消費高）は，月末に材料元帳で判明するので，消費材料勘定の借方とそれぞれの材料勘定の貸方に転記する。
3）消費材料勘定の貸借いずれかに生じた差額（差異）を，月末に消費材料勘定から**材料消費価格差異勘定**に振り替える。
4）材料消費価格差異勘定の処理は，材料勘定のみを使用する方法と同様に行う。

材料消費価格差異は，借方，貸方いずれにも生じる。予定価格と実際価格を比較することによってその差額を計上する。差異が借方，貸方に生ずる場合を消費材料勘定を使用して記帳すると次のようになる。

・材料消費価格差異が借方に生ずる場合

　（借）材料消費価格差異　　×××　　　（貸）消　費　材　料　　×××

　消費材料勘定では，実際＞予定の状態になっており，このときの材料消費価格差異は，費用の性質を持つことになる。したがって，予定価格＜実際価格により生じた材料消費価格差異は**不利差異（借方差異）**となる。

・材料消費価格差異が貸方に生ずる場合

　（借）消　費　材　料　　×××　　　（貸）材料消費価格差異　　×××

　消費材料勘定では，実際＜予定の状態になっており，このときの材料消費価格差異は，費用の減少の性質を持つことになる。したがって，予定価格＞実際価格により生じた材料消費価格差異は**有利差異（貸方差異）**となる。

7．労　務　費

（1）　労務費の種類

　労務費は製造原価のうち製造活動に従事する労働者の労働力の消費によって生じる原価である。したがって，材料費のように物的な消費を意味せず，材料費の計算とは異なる労務費独自の計算システムが必要となる。労務費はその発生形態から，以下のように分類される。

① **賃　金**……製造活動に従事する工員の労働力に対して支払われる給与のことで，基本給のほかに，加給金が含まれる。

　　※加給金には，残業手当，夜間勤務手当，危険作業手当など割増賃金が含まれる。

② **給　与**……工場長，職長などの管理職や工場事務員などの製造に直接的に従事しない従業員の労働力に支払われる給与のこと。

③ **雑　給**……臨時工，パートタイマー，アルバイトなどの労働力に支払われる給与のこと。

④ **従業員賞与手当**……工員や職員に対する賞与および毎月の諸手当のことで，この諸手当は，労働の質および量に対応して支

払われる加給金と異なり，役員手当や通勤手当などの作業に直接関係のない一定額を規定された手当である。

⑤ **退職給付費用**……企業の退職給付規定に従って支給される，工員および職員の退職一時金と退職年金の将来支給に備えて，毎期計上する費用である。

⑥ **法定福利費**………工場の従業員別に計算された，健康保険法，厚生年金法，雇用保険法などの社会保険料のうち，企業の負担額である。

また，労務費は，製品との関係から以下のように分類される。

直接労務費……特定の製品の製造に消費されたことが個別に計算可能な労務費のこと。

間接労務費……特定の製品の製造に消費されたことが個別に計算できない，あるいは種々の製品の製造のために共通に消費された労務費のこと。

通常，工場に勤務する工員は，製品の製造に関連して，製品の製造もしくは加工作業に従事する直接工と，製品の加工作業以外の間接的な作業に従事する間接工に分けられる。直接工が直接作業に従事した時間（直接作業時間）に対して支払われる賃金は直接労務費となる。また，間接工が間接作業に従事した時間（間接作業時間）に対して支払われる賃金は間接労務費となる。ただし，直接工であっても，間接作業時間の場合は，間接労務費となる。

（2） 支払賃金額の計算

企業の製造活動に従事する工員の労働力に対して支払われる賃金は，企業の支払形態に応じて，**時間給制**と**出来高制**に分類できる。時間給制の場合，作業時間1時間当たりの賃率を定めて，これに実際作業時間を乗じて基本賃金を決定し，さらに加給金を加算して支払賃金を算定する。

時間給制の支払賃金＝1時間当たりの賃率×実際作業時間＋加給金

＝一定期間の実際賃金総額÷同期間の実際総作業時間

　一般に賃率は，過年度の一定期間に実際に支払った賃金総額を実際総作業時間で除して求める。また，実際作業時間は，毎日の作業内容を記入した作業時間票をもとに作業時間票の作業時間を集計して実際作業時間を求める。これに対して，出来高給制の場合，出来高1単位当たりの出来高単価を求め，これに実際出来高を乗じて，さらに加給金を加算して支払賃金を算定する。

　出来高制の支払賃金＝出来高単価×実際出来高＋加給金

　出来高単価の決定には，製品ごとの単価が必要であり，実際出来高は，製品の作業終了時に記入する出来高表によって把握する。

　時間給制の場合でも出来高制の場合でも，賃金支払額の計算は賃金計算係が行い，作業時間集計表や出来高集計表をもとに，賃金支払帳への記入を行う。これをもとに賃金計算係は，賃金支払額および控除額の明細を会計係に報告して，個人別の賃金支払計算書が計算される。さらに，給与支払帳を用いて給与支払総額と差引現金支給額が算定される。

（3）　消費賃金額の計算

　消費賃金額とは，製品の製造に消費された賃金のことで，労務費もしくは消費賃金である。労務費は実際作業時間もしくは実際作業量に賃率を乗じて算定します。また，上述したように労務費は直接労務費と間接労務費に分けられる。とくに，直接工の賃金は直接労務費になるものと間接労務費になるものがある。直接工の労務費の計算は以下の式によって算定する。

　直接労務費＝消費賃率×直接作業時間
　間接労務費＝消費賃率×（間接作業時間＋手待時間）

　手待時間とは，正常な理由により作業現場にいながら作業ができない状態にある時間で，通常，ある程度の手持時間は発生するものであるから，これを間接労務費として処理する。これに対して，異常かつ臨時的な理由により発生した手待時間に対する賃金は，原価に算入せず，損失として処理する。また，従業員賞与手当，給料，雑給，退職給付費用，法定福利費は間接労務費として計

算する。

　労務費の計算では、給与計算期間と原価計算期間が一致しない場合に、支払賃金と消費賃金の不一致が生じ、未払賃金が発生する。未払賃金の処理には賃金勘定において次月に繰り越す直接法と、未払賃金勘定を設ける間接法がある。間接法では、月末に当月の未払高を賃金勘定と未払賃金勘定に記入し、次月の月初に未払高を未払賃金勘定から賃金勘定へ再振替仕訳を行う。

（4）予定賃率による賃金消費額の計算

　賃金の消費高を実際賃率で計算する場合、原価計算日まで賃金消費高は計算できない。したがって製品の製造原価も判明しないため、期中に完成品が販売されても、売上原価が確定できない。このような欠陥を防ぎ、原価計算の迅速化あるいは製品原価の変動を排除するため予定賃率による賃金消費額の計算が行われる。予定賃率による労務費は以下の式で求められる。

　　予定賃率＝前期の実際労務費総額／前期の実際総作業時間
　　当月の労務費＝予定賃率×当月の実際作業時間

　予定賃率による予定賃金消費額と実際賃金消費額は一致しないことがある。この両者の差額を賃率差異という。

　　賃率差異＝（予定消費賃率－実際消費賃率）×実際作業時間

賃率差異は、賃率差異勘定を設けて集計し、毎期繰越して会計期末に売上原価勘定に賦課する処理を行う。また、直接工の予定賃率による労務費の計算には、消費賃金勘定を設ける方法と設けない方法がある。

8．経　　　費

（1）経費の内容と分類

　経費は、材料費および労務費以外の原価要素である。経費は製品の製造のために直接的に消費されたか否かによって、**直接経費**と**間接経費**に分類される。直接経費には、外注加工費、特許権使用料、設計費などがある。また、間接経

費には，福利厚生費，減価償却費，賃借料，保険料，電力料，ガス代，水道料，修繕費，旅費，通信費，棚卸減耗費，租税公課，雑費などがある。間接経費は，製造間接費として集計され，合理的な配賦基準によって，個々の製品に配賦される。

経費は様々な性格を持った項目が含まれているが，その発生形態によって工業簿記では，①**測定経費**，②**月割経費**，③**支払経費**，④**発生経費**に分類する。

① 測定経費は消費量が測定可能である電力料，ガス代，水道料などで，消費量をメーター等で毎月計量し，実際消費量に料率を乗じて当月消費高とする。

測定経費の消費額＝料率×当月分のメーター測定量

② 月割経費は減価償却費，火災保険料，固定資産税などの，通常１年あるいは数ヶ月の計上額あるいは支払額を月割にして当月の消費高とする経費である。

当月消費高＝年間支払額÷12ヶ月

③ 支払経費は外注加工費，旅費交通費，通信費，雑費などで，支払伝票や支払請求書にもとづいた現金支払額によって当月消費高を計算する経費である。

当月消費高
＝当月支払高＋前月前払高－前月未払高－当月前払高＋当月未払高

④ 発生経費は材料の棚卸減耗費や仕損費などの当月の発生額をそのまま当月消費高とする経費である。

当月消費高＝当月発生額

9．製造間接費

（1） 製造間接費の配賦基準

製品の製造のために消費される材料費，労務費，経費の原価要素は，製造に直接消費されるものを**製造直接費**とし，間接的に消費されるものを**製造間接費**

とする。製造間接費は，特定製品に賦課できないため，製造間接費勘定に集計された後，一定の基準によって特定製品に**配賦**しなければならない。製品は，工場の生産設備を使って製造されるため，製造間接費の発生も生産設備の利用度，すなわち，操業度に比例して発生する。したがって，製造間接費を各製品の生産設備の利用度，操業度に応じて各製品に配賦することになり，製造間接費は各製品への操業度を基準として配賦する。操業度としての適切な配賦基準には，**価値的基準**および**物量基準**がある。

価値的基準……① 一定基準に直接材料費を用いる**直接材料費基準**
　　　　　　　② 一定基準に直接労務費を用いる**直接労務費基準**
　　　　　　　③ 一定基準に素価（直接材料費＋直接労務費）を用いる**素価基準**
物量基準………④ 一定基準に生産量を用いる**生産量基準**
　　　　　　　⑤ 一定基準に直接作業時間を用いる**直接作業時間基準**
　　　　　　　⑥ 一定基準に機械運転時間を用いる**機械運転時間基準**

（2） 配賦額の計算

製造間接費の金額から配賦率を計算し，その配賦率を用いて各製品の配賦額を計算する。

$$配賦率（\%）= \frac{1原価計算期間の製造間接費の総額}{1原価計算期間の配賦基準数値の合計} \times 100$$

配賦額＝各製品の配賦基準数値×配賦率

① 直接材料費基準の場合

この方法は，直接材料費が，製造原価の大半を占めている場合に適している。

$$配賦率（\%）= \frac{1原価計算期間の製造間接費の総額}{1原価計算期間の直接材料費の総額} \times 100$$

配賦額＝各製品の直接材料費×配賦率

② 直接労務費基準の場合

この方法は，直接労務費が製造原価の大半を占めている場合に適している。

$$配賦率（％）＝\frac{1原価計算期間の製造間接費の総額}{1原価計算期間の直接労務費の総額}×100$$

配賦額＝各製品の直接労務費×配賦率

③ 素価基準の場合

この方法は，製造間接費が，製造直接費に比例して発生するような場合に適している。

$$配賦率（％）＝\frac{1原価計算期間の製造間接費の総額}{1原価計算期間の素価（直接材料費＋直接労務費）の総額}×100$$

配賦額＝各製品の素価×配賦率

④ 生産量基準の場合

この方法は，製造工程が簡単で，かつ1種類の製品しか生産しないような場合においてのみ妥当性をもつため，あまり採用されていない。

$$配賦率（1単位当たり）＝\frac{1原価計算期間の製造間接費の総額}{1原価計算期間の総生産量}$$

配賦額＝各製品の生産量×配賦率

⑤ 直接作業時間基準の場合

この方法は，製造の大半が直接作業で占められるような場合に適している。

$$配賦率（1時間当たり）＝\frac{1原価計算期間の製造間接費額}{1原価計算期間の総直接作業時間}$$

配賦額＝各製品の直接作業時間時間×配賦率

⑥ 機械運転時間基準の場合

この方法は，製造の大半が機械作業で占められるような場合に適している。

$$配賦率（1時間当たり）＝\frac{1原価計算期間の製造間接費の総額}{1原価計算期間の総機械運転時間}$$

配賦額＝各製品の機械運転時間×配賦率

【問題2－1】

　BRZ社は，今回の新製品の価格を決めるため，原価加算法を採用することとした。そこで，次の資料をもとに，実際配賦額を計算し，原価加算法によって製品単位当たり価格を設定しなさい。なお，当月の製造間接費の実際発生額が，150,000円，利幅が，びわ羊羹は，225,000円，角煮キャンディは，200,000円，ちゃんぽんチップスは，210,000円，生産量が各製品1,000個である。

<資料>

	直接材料費	直接労務費	直接経費	直接作業時間	機械運転時間
びわ羊羹	200,000円	80,000円	20,000円	700時間	1,260時間
角煮キャンディ	120,000円	60,000円	15,000円	575時間	1,265時間
ちゃんぽんチップス	80,000円	60,000円	10,000円	600時間	1,225時間
合　　計	400,000円	200,000円	45,000円	1,875時間	3,750時間

【解答・解説】

（単位：円／個）

	直接材料費法	直接労務費法	直接作業時間法	機械運転時間法
びわ羊羹	600	585	581	575.4
角煮キャンディ	440	440	441	445.6
ちゃんぽんチップス	390	405	408	409

　原価加算法によって価格を設定するためには，製造原価の計算が必要となる。製造原価は，製造直接費と製造間接費の合計となるので，間接費の配賦計算が重要になる。そこで，間接費の配賦計算を配賦基準にもとづいて，製品ごとに行えばよい。BRZ社で製造間接費の配賦基準となり得るのは，資料により，直接材料費，直接労務費，直接作業時間，機械運転時間の４つである。

　直接材料費を基準とする場合，実際配賦率は，実際配賦率＝１原価計算期間の製造間接費の総額÷１原価計算期間の直接材料費の総額×100で求められるので，

直接材料費法の実際配賦率＝150,000円÷400,000円×100＝37.5％
となる。
　実際配賦率が分かれば，その数値を各製品の実際配賦基準数値にかけてやればよい。
　したがって，
　　びわ羊羹への実際配賦額＝200,000円×37.5％＝75,000円
　　角煮キャンディへの実際配賦額＝120,000円×37.5％＝45,000円
　　ちゃんぽんチップスへの実際配賦額＝80,000円×37.5％＝30,000円
　直接労務費を基準とする場合も，実際配賦率は，実際配賦率＝1原価計算期間の製造間接費の総額÷1原価計算期間の直接労務費の総額×100で求められるので，
　　直接労務費法の実際配賦率＝150,000円÷200,000円×100＝75％
となる。
　したがって，
　　びわ羊羹への実際配賦額＝80,000円×75％＝60,000円
　　角煮キャンディへの実際配賦額＝60,000円×75％＝45,000円
　　ちゃんぽんチップスへの実際配賦額＝60,000円×75％＝45,000円
　直接作業時間を基準とする場合，実際配賦率は，実際配賦率＝1原価計算期間の製造間接費の総額÷1原価計算期間の総直接作業時間で求められるので，
　　直接作業時間法の実際配賦率＝150,000円÷1,875時間＝80円/時間
となる。
　実際配賦率が分かれば，その数値を各製品（各製造指図書）の実際配賦基準数値にかけて実際配賦額を計算すればよい。
　したがって，
　　びわ羊羹への実際配賦額＝700時間×80円/時間＝56,000円
　　角煮キャンディへの実際配賦額＝575時間×80円/時間＝46,000円
　　ちゃんぽんチップスへの実際配賦額＝600時間×80円/時間＝48,000円
　機械運転時間を基準とする場合も，実際配賦率は，実際配賦率＝1原価計算

期間の製造間接費の総額÷1原価計算期間の総機械運転時間で求められるので，

　　機械運転時間法の実際配賦率＝150,000円÷3,750時間＝40円/時間

となる。

　実際配賦率が分かれば，その数値を各製品（各製造指図書）の実際配賦基準数値にかけてやればよい。

　したがって，

　　びわ羊羹への実際配賦額＝1,260時間×40円/時間＝50,400円

　　角煮キャンディへの実際配賦額＝1,265時間×40円/時間＝50,600円

　　ちゃんぽんチップスへの実際配賦額＝1,225時間×40円/時間＝49,000円

　次に，各製造指図書の製造直接費は，

　　びわ羊羹の製造直接費総額＝200,000円＋80,000円＋20,000円＝300,000円

　　角煮キャンディの製造直接費総額＝120,000円＋60,000円＋15,000円
　　　　　　　　　　　　　　　　　＝195,000円

　　ちゃんぽんチップスの製造直接費総額
　　　＝80,000円＋60,000円＋10,000円＝150,000円

　原価加算法の価格設定は，製品1単位当たりの価格＝製造原価＋利幅÷生産量となるので，

　　びわ羊羹の直接材料費法での単位当たり価格
　　　＝（300,000円＋75,000円＋225,000円）÷1,000個＝600円/個

　　びわ羊羹の直接労務費法での単位当たり価格
　　　＝（300,000円＋60,000円＋225,000円）÷1,000個＝585円/個

　　びわ羊羹の直接作業時間法での単位当たり価格
　　　＝（300,000円＋56,000円＋225,000円）÷1,000個＝581円/個

　　びわ羊羹の機械運転時間法での単位当たり価格
　　　＝（300,000円＋50,400円＋225,000円）÷1,000個＝575.4円/個

となる。

　　角煮キャンディの直接材料費法での単位当たり価格

＝（195,000円＋45,000円＋200,000円）÷1,000個＝440円/個

角煮キャンディの直接労務費法での単位当たり価格

　　＝（195,000円＋45,000円＋200,000円）÷1,000個＝440円/個

角煮キャンディの直接作業時間法での単位当たり価格

　　＝（195,000円＋46,000円＋200,000円）÷1,000個＝441円/個

角煮キャンディの機械運転時間法での単位当たり価格

　　＝（195,000円＋50,600円＋200,000円）÷1,000個＝445.6円/個

となる。

ちゃんぽんチップスの直接材料費法での単位当たり価格

　　＝（150,000円＋30,000円＋210,000円）÷1,000個＝390円/個

ちゃんぽんチップスの直接労務費法での単位当たり価格

　　＝（150,000円＋45,000円＋210,000円）÷1,000個＝405円/個

ちゃんぽんチップスの直接作業時間法での単位当たり価格

　　＝（150,000円＋48,000円＋210,000円）÷1,000個＝408円/個

ちゃんぽんチップスの機械運転時間法での単位当たり価格

　　＝（150,000円＋49,000円＋210,000円）÷1,000個＝409円/個

となる。

〈参考文献〉

坂本秀夫『現代マーケティング概論』信山社出版　2000年。

上埜進・長坂悦敬・杉山善浩『原価計算の基礎』税務経理協会　2003年。

新井益太郎『原価計算入門』同文舘　1984年。

村田直樹『企業会計の基礎理論』同文舘　2009年。

村田直樹・高梠真一・浦田隆広編著『管理会計の道標―改訂増補版』税務経理協会　2004年。

第3章

受注生産のための個別原価計算

　フォークユーロ社は、ワインクーラーを製造・販売する小規模メーカーで、受注生産経営を行っている。昨年度までは地元の会計事務所に帳簿記入等の会計業務を委託していたが、今年度から自社で行うこととなった。このことで、フォークユーロ社の社長T氏は、コンサルティング会社と契約し、日常の会計業務に加えて原価計算システムについても相談したところ、担当者は、フォークユーロ社のような事業形態であれば、自社で取り扱っている各製品の原価を把握することがきわめて重要であり、これに最も適している方法は個別原価計算であること、そして原価計算システム構築のための基礎概念について説明してくれた。

1．個別原価計算の基礎

　個別原価計算は、特定の製品の注文に応じて生産を行うという個別的な生産に適用される製品別計算である。他にも特殊機械の製造業、橋梁などの建設業、船舶や飛行機の建造業などでも導入されている[1]。これらは受注生産であるため、製品の質、性能、仕様などは異なっている。

　製品を製造するさい、企画担当者（生産管理部など）は生産計画を立て、**製造指図書**を発行する。これは現場に製造を命令する文書であり、指図書番号、品目、種類、数量、受注先、完成月日、作業内容、入金条件などが記載されることから製造活動を管理するものでもある。受注生産では、注文ごとに製品の種

類が異なるため，注文別に指図書が発行されることになる。これを**特定製造指図書**といい，これが原価の集計単位となる。図表３－１は特定製造指図書の一例である。

図表３－１　特定製造指図書

品　目	種　類	発　注　年　月　日		受注先	代理店
		平成　　年　　月　　日			
		完　成　希　望　月　日		完　成　月　日	
		平成　　年　　月　　日		平成　　年　　月　　日	
材　質	数　量	見積書	No._____	作業内容	
			平成　年　月　日		
		注文書	No._____	担　当　工　場　名	
			平成　年　月　日	工場	
		入金条件		係	
販売課長	営業部長	担当役員	製造部長	製造課長	担当製造係長
→	→	→	→	→	

（新井益太郎『原価計算入門』同文舘，1984年，168ページ。）

２．個別原価計算の手続

　個別原価計算の手続を簡潔に示せば，次のとおりである。まず，原価計算係（原価係）は指図書番号別に原価計算表（原価計算票）を用意する。これに製造直接費（具体的には直接材料費，直接労務費，直接経費）と製造間接費を記入する。この場合，特定の製品の製造のために発生したことが直接的に把握できる製造直接費は特定指図書に賦課（直課）する。他の製品の製造と識別することができず，共通に発生した費用は，製造間接費として把握し，妥当な方法で指図書別に配賦することとなる。これらの詳細については，すでに前章で述べているため，本章では繰り返さない。その後，原価計算表は，特定の製品の製造

が完了した時点で締切る。製品の製造が開始され，それが完了するまでの期間は，製品の質，性能，仕様等から，短期のものから長期にわたるものまで，さまざまである。かりに未完成のまま決算になれば，原価計算表に記入されている金額を合計し，これを期末仕掛品原価として貸借対照表に計上し，次期に繰り越すことになる。図表3－2は個別原価計算の手続の一例を示したものである。

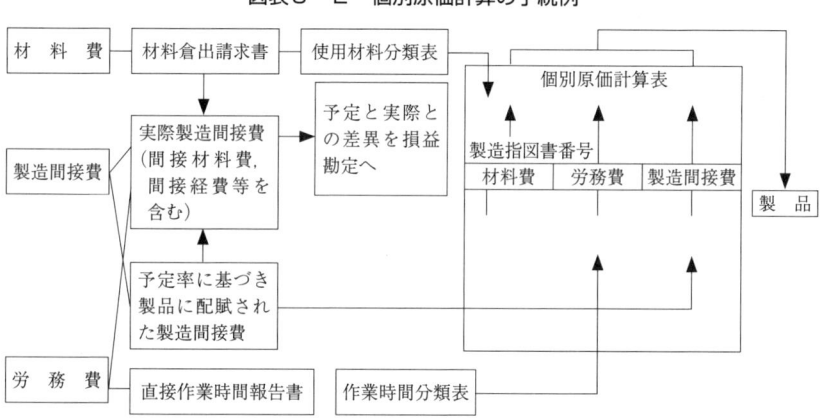

図表3－2　個別原価計算の手続例

（中村萬次・早川豊『工業会計の構造（増補版）』ミネルヴァ書房，1983年，99ページ）

【問題3-1】

　フォークユーロ社では，コンサルティング会社による指導のもと，個別原価計算を実施することとなった。次の＜資料＞にもとづいて，フレッシュZ（製造指図書♯100）の原価計算表を作成しなさい。

＜資料＞

　製造指図書：♯100
　品　　　名：フレッシュZ
　生　産　量：250個
　着　手　日：5月2日
　完　成　日：5月25日

　材料倉出請求書（♯100）：単価 900円，消費量 250kg

　作業時間報告書（♯100）：賃率 400円，直接作業時間 600時間

　支払伝票（♯100）：80,000円

　5月中の製造間接費の総額は450,000円であり，製造間接費は直接作業時間を配賦基準とする。直接作業時間は延べ1,500時間である。

【解答・解説】

　製造直接費は受注した製品の製造のために直接に消費されたことが確認できるため，材料倉出請求書，作業時間報告書，支払伝票などから，特定製造指図書に賦課する。直接材料費は材料倉出請求書から225,000円（＝＠900円/kg×250kg），直接労務費は作業時間報告書から240,000円（＝＠400円/時間×600時間），そして直接経費は支払伝票から80,000円となる。

　＊直接材料費：225,000円＝＠900円/kg×250kg
　＊直接労務費：240,000円＝＠400円/時間×600時間
　＊直接経費：80,000円

　製造間接費は製品の製造との直接的な関連をもたない。それゆえ妥当な方法よって配賦する必要がある。製造間接費の配賦方法は，価格法（直接材料費法，直接労務費法，直接原価法）と時間法（直接作業時間法，機械作業時間法）と数量法とに大別することができる。図表3-3は製造間接費の集計・配賦のプロ

第3章 受注生産のための個別原価計算　41

セスを図示したものである。

図表3-3　製造間接費の集計・配賦

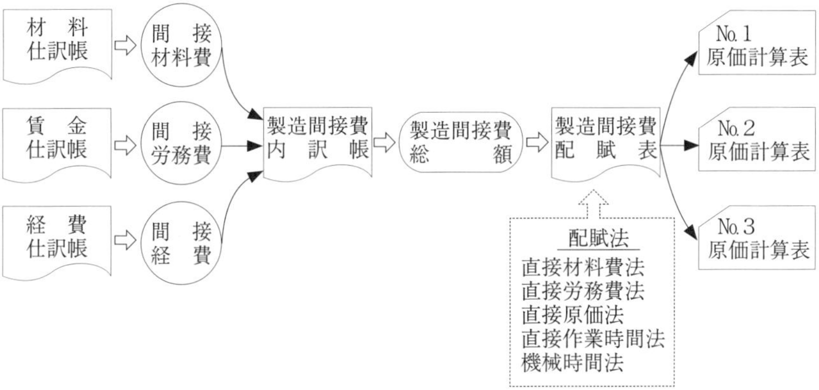

```
材料仕訳帳 → 間接材料費 ┐
賃金仕訳帳 → 間接労務費 → 製造間接費内訳帳 → 製造間接費総額 → 製造間接費配賦表 → No.1 原価計算表
経費仕訳帳 → 間接経費   ┘                                                         → No.2 原価計算表
                                                                                   → No.3 原価計算表

配賦法
直接材料費法
直接労務費法
直接原価法
直接作業時間法
機械時間法
```

（新井益太郎，前掲書，187ページ。）

なお，製造間接費配賦の計算式は次のとおりとなる。
＊直接材料費法
　　配賦率＝一定期間の製造間接費総額÷同期間の直接材料費総額
　　製造間接費配賦額＝特定製造指図書の直接材料費×配賦率
＊直接労務費法
　　配賦率＝一定期間の製造間接費総額÷同期間の直接労務費総額
　　製造間接費配賦額＝特定指図書の直接労務費×配賦率
＊直接原価法
　　配賦率＝一定期間の製造間接費総額÷同期間の直接原価総額
　　製造間接費配賦額＝特定指図書の直接原価×配賦率
＊直接作業時間法
　　配賦率＝一定期間の製造間接費総額÷同期間の総直接作業時間
　　製造間接費配賦額＝配賦率×特定指図書の直接作業時間

＊機械時間法

　　配賦率＝一定期間の製造間接費総額÷同期間の総機械運転時間

　　製造間接費配賦額＝配賦率×特定指図書の機械運転時間

したがって，製造間接費の配賦額の計算は次のとおりである。

　製造間接費配賦率＝450,000円÷1,500時間＝＠300円/時間

　製造指図書♯100の製造間接費＝300円/時間×600時間＝180,000円

原価計算表に統一された様式はなく，業種や規模によって異なる。フォークユーロ社のフレッシュＺ（製造指図書♯100）の製造原価は，725,000円（225,000円＋240,000円＋80,000円＋180,000円）であり，製品単位原価は2,900円/個（725,000円÷250個）となる。

原価計算表
製造指図書　♯100

直接材料費	225,000円
直接労務費	240,000
直接経費	80,000
製造間接費	180,000
製造原価	725,000円
生産量	250個
製品単位原価	2,900円

3．製造間接費の予定配賦

　製造間接費の配賦方法には，実際発生額を配賦する場合と予定配賦を行う場合がある。製造間接費の実際配賦額の集計は期末（月末）であり，期中に製品が完成した場合にはその配賦額の計算は難しく，また完成品原価の計算も困難である。さらに，製造した時期によっては，操業度との関連から製造間接費の配賦額が異なってしまうなどの問題がある。

【問題3-2】
　フォークユーロ社は，製品原価を計算するにあたり，製造間接費の実際配賦を行ってきたが，計算の迅速化の観点から，予定配賦を行うことにした。問題3-1の資料に，次の資料を追加して，同社の製品フレッシュZ（製造指図書♯100）に関する製造間接費予定配賦額を算出しなさい。

　予定製造間接費の総額　4,500,000円/年
　予定直接作業時間　18,000時間/年

【解答・解説】
(1)　予定配賦率の計算
　一定期間（1年など）の予定製造間接費の総額を基準操業度で除して，予定配賦率を算定する。

　　予定配賦率：250円/時間＝4,500,000円÷18,000時間

(2)　予定配賦額の計算
　予定配賦率に製造指図書の実際直接作業時間を乗じて，製造間接費の予定配賦額を算出する。

　　予定配賦額：150,000円＝250円/時間×600時間

4．仕損費

　製品を製作しても，検査により，不完全な製品，すなわち仕損品が発生することがある。仕損費は仕損によって発生する費用であり，仕損の発生状況によって次のように計算する。

（1）仕損費の計算
①　補修で回復可能な場合
　仕損費は，補修指図書を発行する場合，補修指図書に集計された製造原価と

なり，補修指図書を発行しない場合には，補修に要する製造原価の見積額となる。

② 新たに代品の製造を行う場合

製造指図書のすべてが仕損となった場合，仕損費は，当該指図書に集計された製造原価から仕損品の売却価値などを控除した額となる。また，製造指図書の一部が仕損となった場合には，代品製造のために発行された製造指図書に集計された製造原価から仕損品の売却価値などを控除した額を仕損費とする。

（2） 仕損費の処理

通常の状況で発生する**仕損費**（正常仕損費）は，製造指図書に仕損費の実際発生額または見積額を賦課し，原価計算表の直接経費欄に記入するか，製造間接費（単純個別原価計算の場合）とするか，いずれかの方法で処理する。

通常の状況で発生しない，たとえば天災や暴動などの外部要因によって発生した仕損費（異常仕損費）は，営業外費用あるいは臨時損失として処理する。

（注）
1） 「自家用の建物，機械，工具等の製作又は修繕，試験研究，試作，仕損品の補修，仕損による代品の製作等に際しても，これを特定指図書を発行して行なう場合は，個別原価計算の方法によってその原価を算定する。」（大蔵省企業会計審議会中間報告『原価計算基準』三一）

〈参考文献〉
新井益太郎『原価計算入門』同文舘　1984年。
中村萬次・早川豊『工業会計の構造（増補版）』ミネルヴァ書房　1983年。
村田直樹・高梠真一・浦田隆広編著『管理会計の道標―原価管理会計から現代管理会計へ』（改訂増補版）税務経理協会　2004年。

第4章

部門別原価計算による正確な原価情報の提供と原価管理

　バッグの㈱青山は，女性用のバッグを大量生産している。このバックは若い女性を中心に人気があり，同社は大量生産するための大規模な機械設備を所有している。

　最近では，バッグの㈱青山は，顧客層を広げるために，オーダーメイドのバッグの製造にも着手した。オーダーメイドのバッグは形や大きさだけではなく，材料として高級な革の選択やバッグに名前を入れるなど，顧客のニーズに対応することができるため，徐々に人気が出てきていた。

　しかし，オーダーメイドのバッグの製造には特殊な機械を多く用いており，機械や設備の修繕を行う部門（修繕部門）には大きな負担となっていた。大量生産用の機械の修繕には効率よく対応できているが，特殊機械の修繕には，かなりの時間を要し人員が足りなくなっていた。

　そこで，修繕部門の部門長であるB氏は，社長に，「特殊な機械の修繕については，外部の専門家に任せてはどうか」と提案をした。社長は，この件について，すぐに検討するように原価計算が得意なC氏に依頼した。この依頼を受けて，C氏は，「修繕部門が特殊機械の修理にかけている原価」と「特殊機械の修理を外部に依頼した場合の費用」を比較することにした。

　C氏は，早速，修繕部門でどれだけの原価が発生しているのかを調べることにした。しかし，修繕部門は直接的に製品の製造にかかわっている部門ではないため，原価を把握するのは困難であることが判明した。そこで，C氏は，部門別原価計算の適用を考えることにした。

1．部門別原価計算の意義

（1） 製品原価計算の手続

製品原価を計算するさいは，①**費目別計算**，②**部門別計算**，③**製品別計算**という3つの段階によって行われる。

① **費目別計算**

費目別計算は，製品の製造のために消費された原価を費目別に分類・集計する手続である。この段階では，原価要素は製造直接費（直接材料費，直接労務費，直接経費）や製造間接費（間接材料費，間接労務費，間接経費）のように分類され，計算される。なお，費目別計算が行われた後，製造直接費については賦課（直課）されるが，製造間接費については，部門別計算を経て，製品などの原価計算対象に配賦されていく。

② **部門別計算**

部門別計算は，①費目別計算において費目別に把握された原価を，原価部門別に分類・集計する手続である。部門別計算では，どの部門でどの費目の原価がどれだけ発生したのかを知ることができる。

③ **製品別計算**

製品別計算は，②部門別計算において部門ごとに把握された原価を，原価計算対象である製品等に集計し，製品単位当たりの製造原価を計算する手続である。計算された単位原価は，価格決定などのさまざまな目的で利用される原価情報の基礎となる。

本章では，②の部門別計算に焦点をあて，部門別計算の意義とその仕組みについて説明する。

図表4-1　製品原価計算の手続

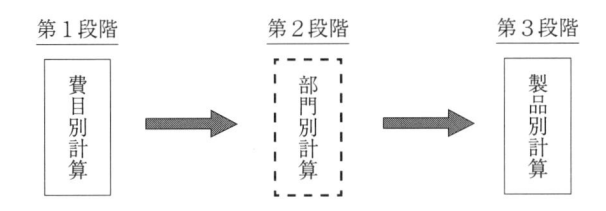

第1段階　費目別計算　→　第2段階　部門別計算　→　第3段階　製品別計算

（2）原価部門

　部門別計算は，費目別に計算された原価を，原価部門別に分類・集計する手続である。ここでいう**原価部門**とは，原価要素を分類・集計するさいに用いられる計算上の区分のことをいう。また，原価部門は，製品の製造のために直接的な作業を行う**製造部門**と，製造部門に対して補助的な生産物やサービスを提供する**補助部門**とに大別される。

　実際に製品の製造にかかわる部門を製造部門といい，切削部門や組立部門，塗装部門などが製造部門に該当する。これに対して，直接的に製品の製造にかかわるのではなく，製造部門をサポートする部門が補助部門である。補助部門は，さらに，補助経営部門と工場管理部門に分類される。補助経営部門は，自部門の生産物やサービスを製造部門に提供する部門であり，工場に電力などを供給する動力部門，工場の機械や設備を修繕する修繕部門が該当する。工場管理部門は管理的な機能を担う部門であり，工場の事務を担当する工場事務部門，材料の購入や保管などを行う材料部門が該当する。

（3）部門別計算の意義

　部門別計算の目的は大きく2つに分けることができる。1つは，合理的で正確な製品原価の情報を提供することである。原価が発生している場所を正確に把握することで，製造費用をより正確に原価計算対象に割り当てることができるのである。いま1つは，原価管理のためである。各原価部門で発生した原価を把握することで，製造費用の発生を適切に管理することができるようにな

る。補助部門を例にとると，製造部門に対して適切な生産物やサービスの提供が行われているかどうかを判断することができ，無駄なコストがかかっていないかどうかを確認することで，原価管理につながるのである。

　以上のように，正確な原価情報の提供と原価管理という2つの目的の違いから，原価部門も目的別で設定されるべきであると考えられる。つまり，原価管理という目的のためには，原価責任者別に原価部門を設定した方がよいことになり，また，製品原価の計算という目的のためには，作業の類似性などの観点から原価部門を設定することになる。しかし，実際には，製品原価の計算目的と原価管理目的とで共通する原価部門が設定されることが多く，異なる原価部門が設定されることはほとんどない。

2．部門別原価計算の手続

（1）部門別計算における計算対象

　一般的に，個別原価計算を行っている場合においても，総合原価計算を行っている場合においても，部門別原価計算が行われる。個別原価計算は，製造指図書ごとに直接材料費，直接労務費，直接経費，製造間接費といった原価要素に分けて製品原価を計算する方法である。そのため，個別原価計算では，製造直接費は製品に賦課され，製造間接費だけが部門別に集計されることになる。

　一方，総合原価計算は，直接材料費とそれ以外の原価である加工費といった原価要素に分けて製品原価を計算する方法である。そのため，総合原価計算では，製造直接費（直接材料費を除く）と製造間接費の両方が，部門別に集計されることになる。しかし，これらの違いは本質的なものではないため，本章においては，製造間接費を部門別計算の計算対象として話を進めていく。

（2）製造間接費の部門別計算

　製造間接費の部門別計算では，製造間接費を部門別に把握した後，適切な配賦基準を用いて，製造間接費を製品などの原価計算対象に配賦していく。具体

的には，製造間接費の部門別計算は，以下のような手順で行われる。
　①　**第１次集計**：製造間接費を部門別（製造部門，補助部門）に集計する。
　②　**第２次集計**：補助部門に集計された原価を，製造部門に配賦する。

①　第１次集計：製造間接費の部門別集計

　製造間接費は，どの部門で発生したのかが明確である**部門個別費**と，複数の部門で共通して発生したために，どの部門でどれだけ発生したのかが明確ではない**部門共通費**とに分けることができる。たとえば，建物や機械の減価償却費で考えると，部門ごとで建物や機械を所有しており，部門ごとの減価償却費が明確に把握・計算できるときには，減価償却費は部門個別費となる。しかし，同じ建物に複数の部門が存在する場合や同じ機械を複数の部門で共有して利用している場合は，減価償却費は部門共通費となるのである。

　したがって，第１段階では，製造間接費のうち部門個別費は消費された各部門に賦課されるが，部門共通費は何らかの配賦基準を用いて製造部門と補助部門に割り当てられる。

②　第２次集計：補助部門から製造部門への配賦

　補助部門は直接的に製品の製造にかかわらないため，製品は補助部門を通過しない。このままでは，第１次集計によって補助部門に集計された製造間接費（**補助部門費**という）を製品に集計することはできない。そのため，補助部門費を製造部門に割り当てる必要がある。

　そこで，第２段階では，補助部門に集計された製造間接費を製造部門に配賦する。補助部門費の配賦基準については，補助部門が製造部門をサポートした割合を基準として用いられる。たとえば，動力部門費の配賦基準としては動力消費量，修繕部門費の配賦基準としては修繕時間が考えられる。

　また，補助部門費を配賦する方法としては，ａ）**直接配賦法**，ｂ）**相互配賦法**，ｃ）**階梯式配賦法**がある。以下では各方法について計算例を用いて説明していく。

a） 直接配賦法

直接配賦法とは，たとえ補助部門間で生産物やサービスの授受があるとしても，それらを無視して，補助部門間での配賦を行わずに，補助部門費をすべて製造部門に配賦する方法である。つまり，直接配賦法では，補助部門費を直ちに製造部門に配賦することになり，最も簡便な方法である。

b） 相互配賦法

相互配賦法とは，補助部門間のすべての生産物やサービスの授受を考慮して，補助部門費を配賦する方法である。つまり，補助部門の生産物やサービスは製造部門だけに授受されるのではなく，補助部門間でも相互に授受されていると仮定して計算していく。そのため，相互配賦法は手間のかかる方法ではあるが，最も理論的に正確な方法である。なお，相互配賦法は，純粋の相互配賦法（連続配賦法，試行錯誤法，連立方程式法）と簡便法としての相互配賦法（製造工業原価計算要綱に規定されている相互配賦法）の大きく2つに分けられる。

一般的に，相互配賦法では，第1次配賦と第2次配賦という2段階に分けて計算が行われる。簡便法としての相互配賦法では，補助部門費の第1次配賦では相互配賦法を用い，第2次配賦では直接配賦法を用いることによって，計算を簡略化している。しかし，補助部門費がゼロ近くになるまで，第1次配賦と同様に第2次配賦以降も相互配賦の計算を行うことで，より正確な配賦計算を行うことができる。ここでは，相互配賦法として，製造工業原価計算要綱に規定されている相互配賦法（簡便法）を取り上げる。

c） 階梯式配賦法

階梯式配賦法とは，補助部門間のすべての生産物やサービスの授受を無視するのではなく，一部を考慮して配賦する方法である。たとえば，多くの他の部門に生産物やサービスを提供している補助部門を上位部門であると判断するならば，それらの部門に対しては生産物やサービスの流れを考慮して補助部門費を配賦することになるが，対して，あまり多くの生産物やサービスを提供しない下位部門の場合は無視して配賦を行う方法である。

第4章　部門別原価計算による正確な原価情報の提供と原価管理　51

後述の計算例より，どの配賦法を用いるかによって，製造部門に配賦される製造間接費の額に違いが出てくることがわかる。このように，配賦方法を変えることで，製造原価の算定に大きな影響を与えてしまうのである。

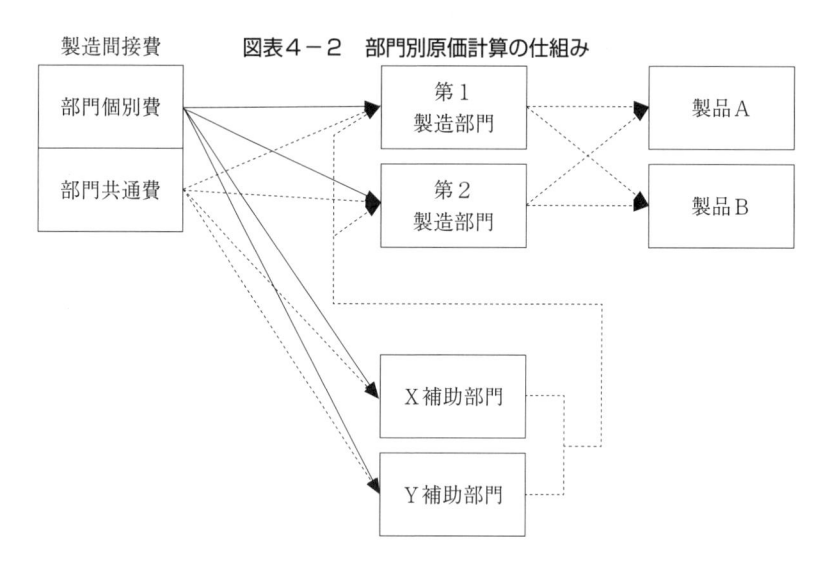

図表4－2　部門別原価計算の仕組み

（注）実線は賦課，点線は配賦を表している。

3．部門別原価計算と原価管理

（1） 補助部門費の配賦に関する問題

　部門別原価計算の目的は，合理的で正確な原価情報の提供と原価管理である。当初，部門別原価計算は，製品原価の正確な算定に主眼が置かれていたが，近年では，原価管理に重点が置かれるようになっている。
　原価管理を行うためには，一定の品質を維持しつつ，原価を引き下げる必要がある。そのためには，管理者に対して，原価の発生に対する責任を明確にしておかなければならない。しかし，これまでの補助部門費の配賦方法では十分なシステムであるとはいえない。つまり，責任会計という点において，補助部門費の配賦方法を改善しなければならないのである。
　さらには，補助部門が製造部門に提供する生産物やサービスを，外注にするかどうかという経営意思決定に遭遇した場合，補助部門費の配賦をより正確に行った部門別原価計算であれば，適切な意思決定を行うことができるであろう。このように，補助部門費の配賦をより正確に行うことが求められているのである。そこで，最後に，複数基準配賦法について紹介する。

（2） 複数基準配賦法

　前節で取り上げた補助部門費の配賦方法は，変動費と固定費を区別することなく，単一の基準で配賦を行った（これを**単一基準配賦法**という）。これに対して，補助部門費を配賦するさいに，補助部門費を変動費と固定費に区別して配賦を行う方法が，**複数基準配賦法**である。
　変動費は，操業度の変化に比例して変化する原価である。そのため，補助部門が生産物やサービスを提供するに従って，製造間接費が発生することになる。また，固定費は，操業度が変化しても変化しない原価であるため，補助部門が生産物やサービスの提供を維持することで，一定額発生することになる。以上のように，変動費と固定費では製造間接費を発生させる原因が異なるた

め，変動費と固定費と区別して配賦計算を行うことで，より正確な配賦計算を行うことができるのである。

【問題４－１】

バッグの㈱青山は，部門別原価計算を導入することになり，部門共通費を各製造部門および補助部門に配賦することにした。次の資料にもとづいて，各部門費（部門個別費と部門共通費の合計）を求めなさい。

＜資料＞

(1) 部門個別費

費 目	第１製造部門	第２製造部門	動力部門	工場事務部門	合 計
間接材料費	20,000円	24,000円	10,000円	－	54,000円
間接労務費	36,000円	26,000円	16,000円	4,000円	82,000円

(2) 部門共通費

建物減価償却費：128,000円　　電力料：72,000円

(3) 部門共通費の配賦基準

費 目	配賦基準	第１製造部門	第２製造部門	動力部門	工場事務部門
建物減価償却費	床面積	200㎡	200㎡	50㎡	50㎡
電力料	電力消費量	200kwh	150kwh	50kwh	100kwh

【解答・解説】

部門個別費は消費された各部門に賦課される。部門共通費については，各費目別に適切な配賦基準を用いて配賦すると以下のようになる。

部門費配分表
平成○年○月分
(単位：円)

費 目	金 額	製造部門		補助部門	
		第1製造部門	第2製造部門	動力部門	工場事務部門
部門個別費					
間接材料費	54,000	20,000	24,000	10,000	−
間接労務費	82,000	36,000	26,000	16,000	4,000
部門共通費					
建物減価償却費	128,000	51,200	51,200	12,800	12,800
電 力 料	72,000	28,800	21,600	7,200	14,400
部門費合計	336,000	136,000	122,800	46,000	31,200

【問題４−２】

バッグの㈱青山は，直接配賦法によって補助部門費を製造部門に配賦することにした。次の資料にもとづいて，部門費配賦表を完成しなさい。

＜資料＞

(1) 各部門費の集計額

第１製造部門	第２製造部門	動力部門	工場事務部門	合　計
400,000円	500,000円	460,000円	120,000円	1,480,000円

(2) 補助部門費の配賦基準

補助部門費	配賦基準	第１製造部門	第２製造部門	動力部門	工場事務部門
動力部門費	動力消費量（kwh）	300kwh	200kwh	150kwh	100kwh
工場事務部門費	従業員数	60人	90人	30人	15人

【解答・解説】

　直接配賦法では，補助部門間の生産物やサービスの授受を無視して，補助部門費が製造部門に配賦される。たとえば，動力部門費を製造部門に配賦するときの配賦基準は動力消費量であり，配賦基準の合計は500kwh（第1製造部門は300kwh，第2製造部門は200kwh）として，動力部門費が第1製造部門と第2製造部門に配賦されることになる。

部 門 費 配 賦 表

（直接配賦法）　　　　　　　　平成〇年〇月分　　　　　　　　（単位：円）

費　目	配賦基準	金　額	製造部門		補助部門	
			第1部門	第2部門	動力部門	工場事務部門
部門費計		1,480,000	400,000	500,000	460,000	120,000
動力部門費	動力消費量	460,000	276,000	184,000		
工場事務部門費	従業員数	120,000	48,000	72,000		
配賦額計		580,000	324,000	256,000		
製造間接費合計		1,480,000	724,000	756,000		

【問題4−3】

バッグの㈱青山は，直接配賦法による部門別原価計算を行っていたが，手続きが煩雑であったため，配賦方法の変更をすることとした。そこで，部門間の生産物やサービスの授受を考慮に入れた相互配賦法（製造工業原価計算要綱に規定されている方法）と階梯式配賦法の適用を検討した。次の資料にもとづき，相互配賦法および階梯式配賦法による部門費配賦表を完成しなさい。

<資料>

（1）各部門費の集計額

第1製造部門	第2製造部門	動力部門	工場事務部門	合計
400,000円	500,000円	460,000円	120,000円	1,480,000円

（2）補助部門費の配賦基準

補助部門費	配賦基準	第1製造部門	第2製造部門	動力部門	工場事務部門
動力部門費	動力消費量（kwh）	300kwh	200kwh	150kwh	100kwh
工場事務部門費	従業員数	60人	90人	30人	15人

【解答・解説】

相互配賦法（簡便法）では，補助部門間の生産物やサービスの授受を考慮して，補助部門費を配賦する。まず，第1次配賦では，補助部門費は，すべての部門へ配賦される（ただし，補助部門費の自部門への配賦を除く）。たとえば，動力部門費（460,000円）を配賦するときの配賦基準は動力消費量であり，配賦基準の合計は600kwh（第1製造部門は300kwh，第2製造部門は200kwh，工場事務部門は100kwh）として，動力部門費が第1製造部門，第2製造部門，工場事務部門に配賦されることになる。また，第2次配賦では，第1次配賦で集計された補助部門費が，直接配賦法により配賦される。つまり，第1次配賦で集計された動力部門費（20,000円）を，配賦基準の合計は500kwh（第1製造部門は300kwh，第2製造部門は200kwh）として，各製造部門に配賦される。

部　門　費　配　賦　表
(相互配賦法：簡便法)　　　　平成○年○月分　　　　　　（単位：円）

費　目	配賦基準	金　額	製造部門		補助部門	
			第1部門	第2部門	動力部門	工場事務部門
部門費計		1,480,000	400,000	500,000	460,000	120,000
動力部門費	動力消費量	460,000	230,000	153,333	―	76,667
工場事務部門費	従業員数	120,000	40,000	60,000	20,000	―
第1次配賦額		580,000	270,000	213,333	20,000	76,667
動力部門費	動力消費量	20,000	12,000	8,000		
工場事務部門費	従業員数	76,667	30,667	46,000		
第2次配賦額		96,667	42,667	54,000		
製造部門費合計		1,480,000	712,667	767,333		

階梯式配賦法は，補助部門間の生産物やサービスの授受の一部分を無視し，一部を考慮して配賦する方法である。この方法では，まず，他の補助部門への生産物やサービス授受のすべてを考慮する上位の補助部門を決定する。

上位部門の決定方法としては，（イ）他の補助部門に対して生産物やサービスを提供する数，（ロ）補助部門の金額（第1次集計額[1]）や他の補助部門へ配賦される額という基準にもとづいて，上位部門を決定する。本設問の場合，（イ）については，動力部門も工場事務部門も他の補助部門への生産物やサービスの提供数は1であるため同数となる。次いで，（ロ）については，第1次集計額は動力部門が多く（動力部門は460,000円，工場事務部門は120,000円），また，他の補助部門へ配賦される額についても動力部門の方が多い（動力部門は76,667円，工場事務部門は20,000円）ため，動力部門を上位部門とする。

上位部門が決定したら，部門費配賦表の補助部門の右側から上位部門を記入し，配賦計算を行う。本設問の場合は，動力部門費（460,000円）は，第1製造部門，第2製造部門，工場事務部門に，300：200：100の比で配賦される。次に，動力部門費合計の196,667円（120,000円＋76,667円）は，第1製造部門と第2製造部門に，60：90の比で配賦される。

部門費配賦表
（階梯式配賦法）　　　　　　平成〇年〇月分　　　　　　　　（単位：円）

費目	配賦基準	金額	製造部門		補助部門	
			第1部門	第2部門	工場事務部門	動力部門
部門費計		1,480,000	400,000	500,000	120,000	460,000
動力部門費	動力消費量	460,000	230,000	153,333	76,667	
工場事務部門費	従業員数	196,667	78,667	118,000	196,667	
製造部門費合計		1,480,000	708,667	771,333		

(注)
 1) 賦課された部門個別費と配賦された部門共通費の合計をいう。

〈参考文献〉
淺田孝幸『テキスト原価計算入門』中央経済社　2011年。
岡本清『原価計算』国元書房　2005年。
加登豊『インサイト原価計算』中央経済社　2008年。
清水孝・長谷川惠一『入門原価計算』中央経済社　2003年。
廣本敏郎『原価計算論』中央経済社　2010年。
山本浩二・小倉昇・尾畑裕・小菅正伸・中村博之『スタンダードテキスト管理会計論』中央経済社　2009年。

第5章

大量生産のための総合原価計算（1）

　二瓶工業は，金属加工を専門とする中堅企業である。技術力の高さには定評があるが，近年，アジアから安価な製品が大量に輸入されるため，販売価格は継続的な下落傾向にあり利益の確保が困難となっている。新たな事業展開を模索していた社長のN氏は，高付加価値の製品を製造するために最新鋭の設備を備えた新工場を建設することとした。
　原価計算の必要性を感じたN氏はコンサルティング会社と契約し，原価計算システムの導入を決断した。コンサルティング会社の担当者は，二瓶工業の事業形態であれば総合原価計算が適していること，およびシステム導入にさいしての基礎概念を説明してくれた。

1．総合原価計算の基礎

　総合原価計算は，受注品（特定製造指図書）別に原価を積み上げていく個別原価計算に対し，規格品を大量生産する形態に適用される（図表5-1）。具体的には，家電製造業・自動車製造業・食品製造業などで採用される。規格品を大量に製造する場合には，製品別に原価を計算していくのは非効率となる。というのは，規格品であれば製品1単位当たりの単位原価は同額であると考えられるからである。そこで原価の集計を一定期間（原価計算期間）で区切り，一定期間の原価総額（完成品総合原価）をその期間に製造された生産量で割ることによって**平均単位原価**を計算するのである。

図表5-1　個別原価計算と総合原価計算

	個別原価計算	総合原価計算
生産形態	個別受注生産	大量見込生産
計算対象	特定生産品	一定期間の生産品
期末仕掛品の評価	原価計算表で把握可能	必須
製造指図書	特定製造指図書	継続製造指図書

（小林健吾監修，河原正視著『原価計算の基礎－原価計算基準と理論解説』中央経済社，1986年，138ページより作成。）

完成品総合原価は，後述する平均法や先入先出法によって月末仕掛品の評価を行い，その後に「月初仕掛品＋当月製造費用」との差額として算出する（図表5-2）。したがって，総合原価計算では完成品総合原価を計算する前提として月末仕掛品の評価が重要となる。**仕掛品**とは，工程途中にある作業が未完了の生産物であり，そのままでは販売不能なものをいう[1]。

図表5-2　総合原価計算の計算構造

月初仕掛品	完成品総合原価	← 差額として計算
当月製造費用		
	月末仕掛品	

完成品総合原価＝（月初仕掛品＋当月製造費用）－月末仕掛品

個別原価計算では，製造原価を製造直接費と製造間接費に分類したが，総合原価計算では，製造原価を**直接材料費**と**加工費**に分類する（図表5-3）。加工費は直接材料費以外の原価要素であり，製造原価のうち材料を加工するために要した原価である。直接経費は重要性が乏しいため，加工費を直接労務費＋製造間接費とする場合もある。

図表5－3　直接材料費と加工費

	製造直接費	製造間接費
材料費	直接材料費	間接材料費
労務費	直接労務費	間接労務費
経　費	直接経費	間接経費

＊　網掛け部分が加工費であるが，直接経費を含めない場合もある。

　直接材料費は，通常，工程の始点で完成品に必要な数量のすべてを投入するため，最初から100％発生する。これに対して加工費は，作業の着手から終了時点にかけて徐々に発生していくので，製造の進行にともなって仕掛品が負担する原価は徐々に増加していくと考えられる。完成品を100％とした場合の仕掛品の仕上がり程度を**加工進捗度**といい，作業の進行状況を表す[2]。始点投入材料と作業の進行程度から，直接材料費と加工費では原価の発生態様が異なることとなる（図表5－4）。

図表5－4　加工進捗度

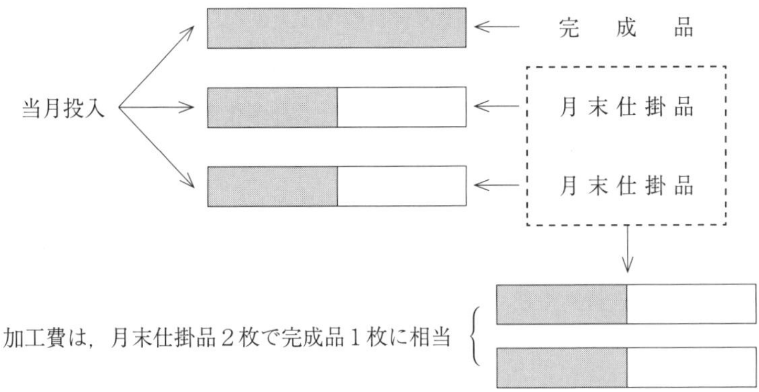

加工費は，月末仕掛品2枚で完成品1枚に相当

たとえば工程始点で合板を投入し，塗装をしていく工程を考えてみる。月初に3枚を投入し，1枚は完成，もう2枚は半分（50%）塗装が終了した時点で月末になったとする。月初仕掛品がない場合は，当月投入分を月末仕掛品と完成品に按分すればよい[3]。始点投入材料は工程始点で100%投入するので，完成品と月末仕掛品に含まれる原価は1：1となる。ところが，塗装は徐々に作業が行われ，この例の加工進捗度は50%となっている。加工費は，完成品に対して半分の原価しか発生していないのである。したがって月末仕掛品が2枚あれば，完成品1枚と同等の原価となるのである。加工進捗度を勘案して完成品数量に換算したものを**完成品換算量**といい，これを利用して加工費を按分していく[4]。完成品換算量は，月末仕掛品数量に加工進捗度を乗じることで算出する。

完成品換算量＝月末仕掛品数量×加工進捗度

　月末仕掛品は次期の月初仕掛品となるので，実際には当月製造費用とともに月初仕掛品を考慮して原価を按分する必要がある。月初仕掛品が存在する場合の原価配分方法として，平均法・先入先出法がある。

　平均法は，月初仕掛品と当月投入材料の加工を平均的に進めるという仮定により月末仕掛品を評価する方法である（図表5－5）[5]。月初仕掛品と当月製造費用の合計額から算出した平均単価を利用して月末仕掛品を計算するので，完成品と月末仕掛品はそれぞれ月初仕掛品と当月投入分から構成される。平均法では前月と当月の価格水準による単価が平均化されるので，原価管理情報には不向きとなる。しかしながら，偶発的な価格変動や作業能率の変化を均質化するため，価格決定目的や期間損益計算目的には適している。

図表 5-5 平均法

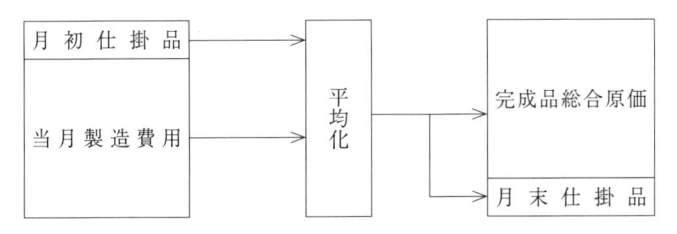

```
┌─────────────┐      ┌───┐      ┌─────────────┐
│  月初仕掛品  │─────▶│平 │─────▶│ 完成品総合原価│
├─────────────┤      │均 │      ├─────────────┤
│  当月製造費用 │─────▶│化 │─────▶│  月末仕掛品  │
└─────────────┘      └───┘      └─────────────┘
```

$$\text{月末仕掛品直接材料費} = \frac{\text{月初仕掛品直接材料費}+\text{当月直接材料費}}{\text{完成品数量}+\text{月末仕掛品数量}} \times \text{月末仕掛品数量}$$

$$\text{月末仕掛品加工費} = \frac{\text{月初仕掛品加工費}+\text{当月加工費}}{\text{完成品数量}+\text{月末仕掛品完成品換算量}} \times \text{月末仕掛品完成品換算量}$$

　先入先出法は，月初仕掛品を優先的に完成させた後に当月投入分の加工を進めるという仮定により月末仕掛品を評価する方法である（図表5-6）[6]。そのため月末仕掛品はすべて当月投入分から構成されるので（通常は月初仕掛品≦完成品）[7]，月末仕掛品は当月製造費用から計算する。先入先出法は，前月と当月の価格水準による単価を区別するため，平均法と比較して原価管理に有用であるとされる[8]。平均法・先入先出法は，完成品と月末仕掛品への配分額が異なるだけであって，総額が変わるわけではない点に注意する。

図表 5-6 先入先出法

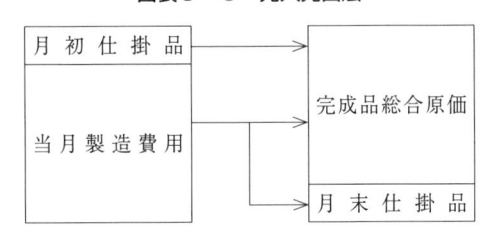

```
┌─────────────┐      ┌─────────────┐
│  月初仕掛品  │─────▶│             │
├─────────────┤      │ 完成品総合原価│
│              │─────▶│             │
│  当月製造費用 │      ├─────────────┤
│              │─────▶│  月末仕掛品  │
└─────────────┘      └─────────────┘
```

$$\text{月末仕掛品直接材料費} = \frac{\text{当月直接材料費}}{(\text{完成品数量}-\text{月初仕掛品数量})+\text{月末仕掛品数量}} \times \text{月末仕掛品数量}$$

$$\text{月末仕掛品加工費} = \frac{\text{当月加工費}}{(\text{完成品数量} - \text{月初仕掛品完成品換算量}) + \text{月末仕掛品完成品換算量}} \times \text{月末仕掛品完成品換算量}$$

2．単純総合原価計算

　新工場の製造工程は材料である金属を投入して加工を施していくので，**単純総合原価計算**を採用している。材料費は最初に100％発生し，後は加工にともなって徐々に加工費が発生していく。単純総合原価計算の「単純」とは「一種類の製品」ということであり，さらにその製品が単一工程で製造される場合を**単一工程単純総合原価計算**という（図表5－7）。

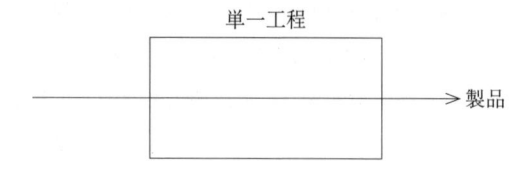

図表5－7　単一工程単純総合原価計算

【問題5－1】

　二瓶工業の製品は，均質でムラがなく耐久性に優れていたため販売直後から多くの注文を得た。同社では，コンサルティング会社の担当者による指導のもとで原価計算を行ってみることとした。以下の＜資料＞にもとづいて，月末仕掛品原価，完成品総合原価および完成品単位原価を計算しなさい。

＜資料＞

1．生産データ（単位：kg）

月初仕掛品	200 (75%)
当月着手	850
小　計	1,050
月末仕掛品	250 (40%)
完　成　品	800

2．原価データ（単位：円）

	直接材料費	加工費
月初仕掛品	8,100	9,300
当月製造費用	25,500	15,000
合　計	33,600	24,300

＊　（　）内の数値は，加工進捗度を表している。
＊　材料は，工程の始点ですべて投入する。
＊　完成品と月末仕掛品への原価配分は，平均法を用いている。

【解答・解説】

　生産データと金額を整理し（加工データはカッコで示す），直接材料費・加工費の月末仕掛品原価，完成品総合原価および完成品単位原価を計算していく。

```
              生産データ
     8,100     200
    (9,300)   (150)    800

    25,500    850
   (15,000)  (750)
                       250
                      (100)
```

$$月末仕掛品直接材料費 = \frac{8,100円 + 25,500円}{800\text{kg} + 250\text{kg}} \times 250\text{kg} = 8,000円$$

$$月末仕掛品加工費 = \frac{9,300円 + 15,000円}{800\text{kg} + 100\text{kg}} \times 100\text{kg} = 2,700円$$

月末仕掛品原価 = 8,000円 + 2,700円 = 10,700円

完成品総合原価 = 8,100円 + 9,300円 + 25,500円 + 15,000円 − 10,700円
　　　　　　　= 47,200円

完成品単位原価 = 47,200円 ÷ 800kg = 59円/kg

月末仕掛品原価	10,700円
完成品総合原価	47,200円
完成品単位原価	59円/kg

> I氏は，製材所を営んでいる。これまで製材の過程で生じた端材をチップにして再利用していたが，子供用の木材玩具を製作・販売することとした。高い安全性とデザインが話題となり，急激な売上の増加となった。I氏は海外進出も含めて大きな将来性があると確信し，新工場の建設を決定した。知り合いの公認会計士であるS氏にコンサルティングを依頼したところ，木材玩具は加工・研磨などいくつかの工程を経て製造されるので，工程別総合原価計算の導入が有用とのことだった。S氏は，I氏と同社の経理担当者に対して工程別総合原価計算の構造や特徴を丁寧に説明した。

3．工程別総合原価計算

現代の企業は，連続した複数の加工作業により製品を製造するのが通常である（図表5-8）。そこで複数の加工作業を**工程**として区切ることで，より精緻な原価計算を実施することができる。工程は原価計算上の作業区分であり，個別原価計算における製造部門に相当する。

図表5-8 工程別総合原価計算

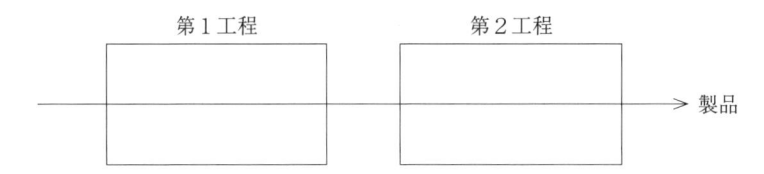

```
   第1工程           第2工程
  ┌──────┐       ┌──────┐
──┤      ├───────┤      ├──→ 製品
  └──────┘       └──────┘
```

工程別総合原価計算は，作業の異なる工程別に原価を計算するので，仕掛品勘定は工程数に応じて設定される（図表5-9）。各工程は単純総合原価計算に準じて計算し，第1工程の**工程完成品（半製品）**[9]は第2工程（次工程）に振り替えられ，第2工程はそれを**前工程費**として受け入れる。第2工程では，前工程費を当該工程の始点投入材料と同様に処理していく[10]。工程別総合原価計

算は実際の製造工程に近い方法で計算を行うので，2以上の連続する工程を単一工程とみなして単純総合原価計算を適用するよりも正確な製品原価を計算することができる。また各工程の原価発生状況を把握でき，原価管理にも有用である。

図表5－9　工程間の振替

第1工程		第2工程	
月初仕掛品	工程完成品	月初仕掛品	完成品
当月製造費用		前工程費	
	月末仕掛品	当月製造費用	月末仕掛品

＊　累加法を前提としている。

　工程別総合原価計算における製品原価の方法には，**累加法**がある。累加法は上記で説明してきた方法であり，「雪だるま」式に原価が計算されていくというイメージである（図表5－10）。累加法は，前工程の直接材料費と加工費を一括して受け取るため，原価要素別の金額が不明となる。

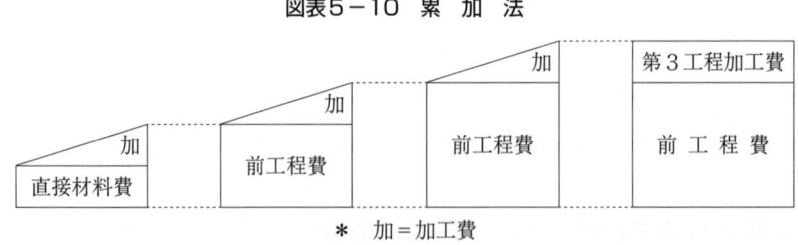

図表5－10　累　加　法

＊　加＝加工費

【問題5－2】

新工場での生産は軌道に乗り，現状を把握するためにＳ氏の指導のもとで原価計算を行うこととなった。以下の＜資料＞にもとづいて，第２工程の月末仕掛品原価，完成品総合原価および完成品単位原価を計算しなさい。

＜資料＞

1．生産データ（単位：kg）

	第１工程	第２工程
月初仕掛品	100（80％）	160（50％）
当月着手	380	400
小　計	480	560
月末仕掛品	80（40％）	60（50％）
完成品	400	500

2．原価データ（単位：円）

	第１工程		第２工程	
	材料費	加工費	材料費	加工費
月初仕掛品	4,000	3,280	15,200	4,200
当月製造費用	20,000	14,000	?	22,500
合　計	24,000	17,280	?	26,700

* （　）内の数値は，加工進捗度を表している。
* 材料は，工程の始点ですべて投入する。
* 完成品と月末仕掛品への原価配分は，第１工程は平均法，第２工程は先入先出法を用いている。
* 第２工程の？（前工程費）は，各自計算する。

【解答・解説】

　第1工程・第2工程の生産データと金額を整理し（加工データはカッコで示す），直接材料費・加工費の月末仕掛品原価，完成品総合原価（前工程費）および完成品単位原価を計算していく。第1工程は平均法，第2工程は先入先出法によって原価配分を行う。

第1工程・生産データ

4,000	100	
(3,280)	(80)	400
20,000	380	
(14,000)	(352)	80
		(32)

$$月末仕掛品直接材料費 = \frac{4,000円 + 20,000円}{400kg + 80kg} \times 80kg = 4,000円$$

$$月末仕掛品加工費 = \frac{3,280円 + 14,000円}{400kg + 32kg} \times 32kg = 1,280円$$

月末仕掛品原価 = 4,000円 + 1,280円 = 5,280円

完成品総合原価 = 4,000円 + 3,280円 + 20,000円 + 14,000円 − 5,280円
　　　　　　　 = 36,000円

第2工程・生産データ

15,200	160	
(4,200)	(80)	500
36,000	400	
(22,500)	(450)	60
		(30)

$$月末仕掛品直接材料費 = \frac{36,000円}{(500kg - 160kg) + 60kg} \times 60kg = 5,400円$$

$$月末仕掛品加工費 = \frac{22{,}500円}{(500\text{kg} - 80\text{kg}) + 30\text{kg}} \times 30\text{kg} = 1{,}500円$$

月末仕掛品原価 = 5,400円 + 1,500円 = 6,900円

完成品総合原価 = 15,200円 + 4,200円 + 36,000円 + 22,500円 − 6,900円
　　　　　　　= 71,000円

完成品単位原価 = 71,000円 ÷ 500kg = 142円/kg

月末仕掛品原価	6,900円
完成品総合原価	71,000円
完成品単位原価	142円/kg

> B氏は，綿のTシャツを製造する縫製業を営んでいる。綿は肌触りがよく吸湿性に優れており安定した需要がある反面，縮みやすくシワになりやすい。社内の会議で検討した結果，ポリエステル製品を加えることとした。ポリエステルは綿よりも吸湿性が劣るものの，丈夫で型くずれしにくいからである。製品ラインナップを広げることで，多くの顧客を引きつけたいと考えている。
> 友人の公認会計士に聞いたところ，Tシャツとしての加工の手順は同じであるが，各々は異なる製品であるため組別総合原価計算の導入が有用であるとのことだった。

4．組別総合原価計算

組別総合原価計算は，同一工程で2つ以上の**異種製品**を製造する場合に適用される（図表5-11）。各製品を組と呼び，組製品別に原価計算を行う。計算方

図表5-11　組別総合原価計算

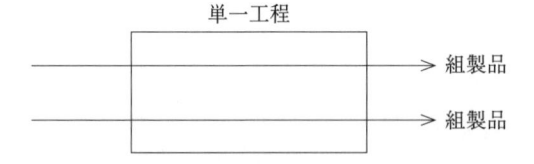

法は，まず製造原価を**組直接費**と**組間接費**に分類する。組直接費は，組製品との対応関係が特定できる原価である。組間接費は，組製品に直接集計することができず，共通して発生する原価である。組直接費は各組製品に**賦課（直課）**し，組間接費は適当な配賦基準を用いて各組製品に**配賦**する。そのため組別に製造費用を集計する（組直接費と組間接費）場合には個別原価計算の方法が適用され，組別に製造費用が集計された後，完成品単位原価を計算する場合には単

純総合原価計算の方法が適用される[11]。

【問題5－3】

B氏の工場では，同一工程で綿とポリエステルを原料とするTシャツを製造している。以下の＜資料＞にもとづいて，各組製品の月末仕掛品原価，完成品総合原価および完成品単位原価を計算しなさい。

＜資料＞

1．生産データ（単位：kg）

	綿	ポリエステル
月初仕掛品	60（80％）	40（50％）
当月着手	1,020	660
小　計	1,080	700
月末仕掛品	80（50％）	100（60％）
完成品	1,000	600

2．原価データ（単位：円）

	綿	ポリエステル
月初仕掛品		
直接材料費	4,500	6,100
加工費	3,180	1,000
当月製造費用		
直接材料費	81,600	42,900
加工費	91,520（共通）	

3．各製品の直接作業時間

　　綿製品：186時間　　ポリエステル製品：100時間

　＊（　）内の数値は，加工進捗度を表している。
　＊材料は，工程の始点ですべて投入する。
　＊完成品と月末仕掛品への原価配分は，綿製品が先入先出法，ポリエステル製品が平均法を用いている。
　＊共通加工費は，直接作業時間基準で各製品に按分する。

【解答・解説】

共通加工費91,520円は,直接作業時間を利用して綿製品とポリエステル製品に按分する。

綿製品:$91,520円 \times \dfrac{186時間}{186時間+100時間} = 59,520円$

ポリエステル製品:$91,520円 \times \dfrac{100時間}{186時間+100時間} = 32,000円$

綿製品・ポリエステル製品の生産データと金額を整理し(加工データはカッコで示す),直接材料費・加工費の月末仕掛品原価,完成品総合原価および完成品単位原価を計算していく。綿製品は先入先出法,ポリエステル製品は平均法によって原価配分を行う。

綿製品・生産データ

4,500	60	
(3,180)	(48)	1,000
81,600	1,020	
(59,520)	(992)	80
		(40)

月末仕掛品直接材料費 = $\dfrac{81,600円}{(1,000kg - 60kg) + 80kg} \times 80kg = 6,400円$

月末仕掛品加工費 = $\dfrac{59,520円}{(1,000kg - 48kg) + 40kg} \times 40kg = 2,400円$

月末仕掛品原価 = 6,400円 + 2,400円 = 8,800円

完成品総合原価 = 4,500円 + 3,180円 + 81,600円 + 59,520円 − 8,800円
  = 140,000円

完成品単位原価 = 140,000円 ÷ 1,000kg = 140円/kg

第5章　大量生産のための総合原価計算（1）　77

ポリエステル製品
生産データ

6,100	40	
(1,000)	(20)	600
42,900	660	
(32,000)	(640)	100
		(60)

$$月末仕掛品直接材料費 = \frac{6,100円 + 42,900円}{600kg + 100kg} \times 100kg = 7,000円$$

$$月末仕掛品加工費 = \frac{1,000円 + 32,000円}{600kg + 60kg} \times 60kg = 3,000円$$

月末仕掛品原価 = 7,000円 + 3,000円 = 10,000円

完成品総合原価 = 6,100円 + 1,000円 + 42,900円 + 32,000円 − 10,000円

　　　　　　　= 72,000円

完成品単位原価 = 72,000円 ÷ 600kg = 120円/kg

綿製品		ポリエステル製品	
月末仕掛品原価	8,800円	月末仕掛品原価	10,000円
完成品総合原価	140,000円	完成品総合原価	72,000円
完成品単位原価	140円/kg	完成品単位原価	120円/kg

（注）
1） 総合原価計算は一定期間に区切って原価を計算するので，月末（期末）時点で完成していない製品，いわゆる仕掛品が生じてしまうのである。
2） 厳密にいうと，加工進捗度50％というのは，物理的な作業が50％完了したということではなく，完成品に対する原価負担割合が50％という意味である。
3） 月初仕掛品がない場合を想定するのは，説明の便宜のためである。後述するよ

うに通常は月初仕掛品が存在するため,月末仕掛品を評価するさいに平均法であれば「月初仕掛品＋当月製造費用」,先入先出法であれば「当月製造費用」から月末仕掛品の評価を行う。
4) 始点投入材料は数量比,加工費は換算量比で按分する。
5) 平均法や先入先出法における原価の流れは計算上の仮定であり,実際のモノの流れとは異なる。
6) 先入先出法は,平均法と比較してより詳細な計算を必要とする反面,計算される単位原価の相違が小さく重要性に乏しいため,製品原価計算目的ではほとんど利用されない。(cf. Charles T. Horngren, Gary L. Sundem and William O. Stratton, *Introduction to Management Accounting*, 12th ed., Prentice-Hall, 2002, p. 577)。
7) 計算構造上,月初仕掛品が完成品よりも多くなる場合も想定できるが(月初仕掛品＞完成品),この場合は当月製造費用のすべてと月初仕掛品の一部が月末仕掛品となる。棚卸資産である仕掛品は資金が固定化されるため,過剰在庫となればキャッシュ・フローを悪化させる可能性が高い。そのため月初仕掛品で完成品が賄える状況で,当月投入を行うとは考えにくい。また月初仕掛品＝完成品の場合は,当月投入分がそのまま月末仕掛品となる。

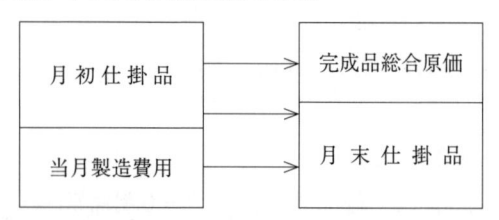

| 月初仕掛品 | → | 完成品総合原価 |
| 当月製造費用 | → | 月末仕掛品 |

8) 厳密にいうと,月末仕掛品は当月製造費用を反映しているため問題ないが,完成品総合原価には月初仕掛品と当月投入分が混在してしまい,加重平均単価となる。
9) 半製品は仕掛品と同様に中間生産物であるが,原則として貯蔵し,外部に販売できる点で異なる(櫻井通晴『経営原価計算論－新しい原価計算体系の探究(増補版)』中央経済社,1981年,215ページ)。
10) 前工程費は直接材料費に類似した処理を行うが,その中身は(前工程の)直接材料費や加工費の結合体であるため,前工程費を直接材料費と呼ぶことはない (Charles T. Horngren, Gary L. Sundem and William O. Stratton, *op. cit.*, pp.577-578)。
11) 櫻井通晴,前掲書,257ページ。

第6章

大量生産のための総合原価計算（２）

　中村木材は，単一種類の業務用作業机（製品番号：WB-1）を製造・販売している。同社の製品が雑誌で取り上げられ，デザインが高く評価されたことにより，一般消費者からの問い合わせが殺到するようになった。社長のN氏は，この新規需要に対応して販路を拡大したいと考えている。工場長に相談したところ生産能力には余裕があるものの，業務用であるために個人が自宅で使用するには大きすぎることが判明した。そこでデザインを変更することなくWB-1より小型の製品を２種類（WB-2，WB-3）開発し，販売を行うこととなった。

　当工場では単一種類の製品のみを製造していたことから，これまで単純総合原価計算を行っていた。今後は，既存のWB-1の製造工程をそのまま利用してWB-1，WB-2，WB-3という３種類の製品を製造するため，等級別総合原価計算の採用を決定した。３種類の製品は寸法が異なるだけであり，デザインや形状はすべて同じである。

１．等級別総合原価計算

　同一工程において**同種製品**が連続生産される場合，算出される製品（WB-1等）を**等級製品**という（図表６−１）。等級製品は寸法・重量・厚さなどが異なるのみであるから，各製品の原価負担割合が判明すれば効率的に単位原価を計算することができる。WB-1を基準製品（標準品）としたうえで他の製品に関し

てWB-1：WB-2：WB-3＝1：0.8：0.6という関係が認められると，WB-2，WB-3は基準製品の各々80％，60％の原価を負担することとなる。各等級製品の原価負担割合を**等価係数**といい，これを利用して原価を計算していく。

図表6－1　等級製品

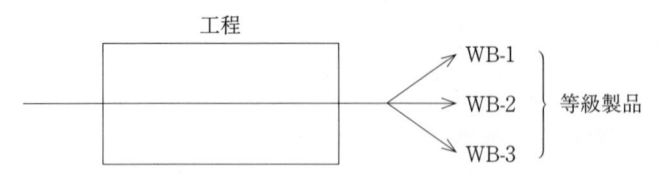

```
        ┌─────────────┐
        │    工程     │──→ WB-1 ┐
  ──────│             │──→ WB-2 ├ 等級製品
        │             │──→ WB-3 ┘
        └─────────────┘
```

　仮にWB-1，WB-2，WB-3の生産量が各々1：1：1であれば，等価係数にもとづいて完成品総合原価を1：0.8：0.6に按分すればよい。しかし各製品の生産量が異なる場合は，等価係数だけでなく生産量も考慮する必要がある。そこで各等級製品の完成品数量に等価係数を乗じて**積数**を算出し，**積数の比**によって各等級製品の按分原価を計算する。

　　積数＝各等級製品の完成品数量×等価係数

$$按分原価＝完成品総合原価 \times \frac{各等級製品の積数}{積数合計}$$

　　　　　　　　　　　　　　　　　　↑
　　　　　　　　　　　　　　　　　積数の比

　各等級製品の按分原価（各等級製品の完成品総合原価）を完成品数量で除せば，単位原価を計算できる。単位原価の計算では，積数ではなく完成品数量で除することに留意する。

$$各等級製品の単位原価＝\frac{各等級製品の完成品総合原価}{各等級製品の完成品数量}$$

【問題6-1】

中村木材は，等級別総合原価計算によってWB-1，WB-2，WB-3の単位原価を計算することとした。以下の＜資料＞にもとづいて，各等級製品の完成品単位原価を計算しなさい。

＜資料＞

1．生産データ（単位：個）

	WB-1，WB-2，WB-3
月初仕掛品	40 (40%)
当月着手	300
小　　計	340
月末仕掛品	50 (30%)
完　成　品	290

2．原価データ（単位：円）

	直接材料費	加工費
月初仕掛品	3,500	820
当月製造費用	27,000	20,230
合　　計	30,500	21,050

* （ ）内の数値は，加工進捗度を表している。
* 材料は，工程の始点ですべて投入する。
* 完成品と月末仕掛品への原価配分は，先入先出法を用いている。
* 等価係数は，WB-1：WB-2：WB-3＝1：0.8：0.5である。
* 完成品の内訳は，WB-1＝110個，WB-2＝100個，WB-3＝80個の合計290個である。

【解答・解説】

生産データと金額を整理し（加工データはカッコで示す），直接材料費・加工費の月末仕掛品原価，完成品総合原価および完成品単位原価を計算していく。

```
            WB-1，WB-2，WB-3
  3,500        40
  (820)       (16)         290
 27,000       300
(20,230)     (289)
                            50
                           (15)
```

$$月末仕掛品直接材料費 = \frac{27{,}000円}{(290個 - 40個) + 50個} \times 50個 = 4{,}500円$$

$$月末仕掛品加工費 = \frac{20{,}230円}{(290個 - 16個) + 15個} \times 15個 = 1{,}050円$$

月末仕掛品原価 = 4,500円 + 1,050円 = 5,550円

完成品総合原価 = 3,500円 + 820円 + 27,000円 + 20,230円 − 5,550円 = 46,000円

　各等級製品の積数を計算してから，積数の比によって完成品総合原価を按分する。最後に，按分原価を各等級製品の生産量で除して単位原価を算出する。

	完成品		等価係数		
WB-1：	110	×	1	=	110
WB-2：	100	×	0.8	=	80
WB-3：	80	×	0.5	=	40
			合　計		230

WB-1：$46{,}000円 \times \dfrac{110}{230} = 22{,}000円$　　　22,000円 ÷ 110個 = 200円/個

WB-2：$46{,}000円 \times \dfrac{80}{230} = 16{,}000円$　　　16,000円 ÷ 100個 = 160円/個

WB-3：$46{,}000円 \times \dfrac{40}{230} = 8{,}000円$　　　 8,000円 ÷ 80個 = 100円/個

WB-1完成品単位原価	200円/個
WB-2完成品単位原価	160円/個
WB-3完成品単位原価	100円/個

> リンゴ農家を営むK氏は，多角化を志向して数年前からアップルパイの製造・販売を行っている。販売量は着実に増加しているので，昨年，本格的に事業に算入すべく会社（小林製菓）を起業した。工場での大規模生産に対応するため当初は工場管理システムや原価計算システムの開発を試みたが，自社での構築は困難と判断し，コンサルティング会社と契約した。K氏と経理担当者は，システムの開発時に生じた疑問をコンサルティング会社の担当者に訊ねてみた。その疑問とは，1枚の鉄板で20個のアップルパイを焼くが，どうしても焼きムラが生じてしまい数個が失敗作となってしまう。このような場合，どのように原価計算を行えばよいかわからないというものであった。コンサルティング会社の担当者は，それが仕損・減損の問題であること，およびその内容・処理に関して詳しく説明してくれた。

2．仕損・減損

100リットルの「生乳」を投入し，製造過程で殺菌等を行い，最終的に製品としての「牛乳」が95リットルになったとする（図表6－2）。製品となっていく部分が歩留りであり，**歩留り率**は95％となる。反対に製品とならなかった部分が歩減りであり，**歩減り率**は5％となる。5％の歩減りが牛乳の製造過程で必然的に生じるならば，**正常減損費**として良品（完成品・月末仕掛品）に負担させる。異常な状況下で生じた**異常減損費**は，**非原価項目**として処理する。

減損は，蒸発・紛散・ガス化・漏出などの原因により製造過程で発生した材料の減少であり，完成までに減失した原価分を**減損費**という。減損は無形であるため，処分価値はない。**仕損**は加工に失敗したことにより生じ，結果として仕掛品や完成品にならず不合格品となったものを**仕損品**という[1]。評価額があれば仕損品に要した原価から控除し，残額を良品に負担させる。小林製菓のアップルパイは仕損であるため，以下の記述は仕損を中心に説明していく。

図表6-2　減損の発生

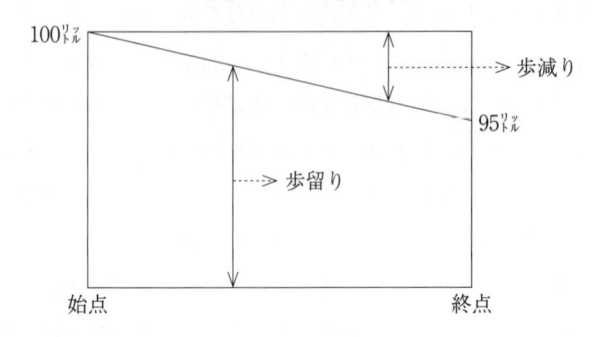

```
100ﾘｯﾄﾙ ─────────────_____
                              ↕ 歩減り
                         95ﾘｯﾄﾙ
       ↕ 歩留り
      始点              終点
```

　仕損費を良品に負担させるためには，月末仕掛品と完成品との負担関係を決定する必要があり，仕損の発生態様に応じて定点発生・平均発生というパターンがある。

図表6-3　定点発生の負担関係

仕損発生点		負担関係
定点発生	工程始点 ………………………………………………	両者負担
	工程途中 ｛月末仕掛品加工進捗度≧正常仕損発生点 …………	両者負担
	｛月末仕掛品加工進捗度＜正常仕損発生点 …………	完成品負担
	工程終点 ………………………………………………	完成品負担

　仕損が，一定点において生じることを**定点発生**という（図表6-3）。定点発生では，仕損発生点を通過した良品が仕損費を負担することとなる。したがって完成品は必ず仕損費を負担し，仕掛品は仕損発生点を通過しているか否かを判断する必要がある。工程始点で仕損が発生した場合，仕掛品は少なくとも加工が始まっている（仕損発生点を通過している）ので両者負担となる。工程終点で仕損が発生した場合，仕掛品は加工が終了していない（仕損発生点を通過していない）ので完成品負担となる。
　工程途中で仕損が発生した場合は，仕損発生点と月末仕掛品の加工進捗度を

比較して負担関係を決定する。仕損発生点を50％とすると（図表6－4），月末仕掛品Aは加工進捗度75％であるから両者負担となり，月末仕掛品Bは加工進捗度40％であるから完成品負担となる。なお仕損発生点が不明であれば，両者負担として処理する。

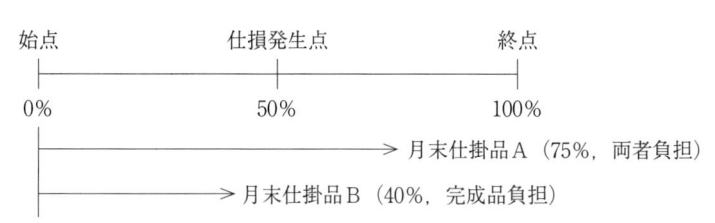

図表6－4　加工進捗度による仕損の負担関係

```
        始点            仕損発生点           終点
         ├───────────────┼───────────────┤
         0%              50%              100%
         ├──────────────────────→ 月末仕掛品A（75％，両者負担）
         ├─────────────→ 月末仕掛品B（40％，完成品負担）
```

先に示した「牛乳」のように，投入した原材料が加工の進行とともに減少していくことを**平均発生**という（図表6－2）。加工作業の進行とともに生じるので両者負担として処理するが，工程のあらゆる場所で発生するため加工進捗度は便宜的に50％とする[2]。

仕損費の処理方法は，仕損を直接把握することなく（無視する）良品に自動的に負担させる**度外視法**と，仕損を直接把握したうえで良品に負担させる**非度外視法**[3]がある。度外視法のうち完成品負担・平均法の計算は，以下のように行う。

$$月末仕掛品直接材料費 = \frac{月初仕掛品直接材料費 + 当月直接材料費}{完成品数量 + 正常減損数量 + 月末仕掛品数量} \times 月末仕掛品数量$$

$$月末仕掛品加工費 = \frac{月初仕掛品加工費 + 当月加工費}{完成品数量 + 正常減損完成品換算量 + 月末仕掛品完成品換算量} \times 月末仕掛品完成品換算量$$

【問題6−2】

小林製菓は，コンサルティング会社に依頼して原価計算システムの導入を実施した。以下の<資料>にもとづいて，アップルパイの月末仕掛品原価，完成品総合原価および完成品単位原価を計算しなさい。

<資料>

1. 生産データ（単位：個）

月初仕掛品	30	(50%)
当月着手	230	
小　計	260	
仕　損	10	
月末仕掛品	50	(20%)
完 成 品	200	

2. 原価データ（単位：円）

	直接材料費	加 工 費
月初仕掛品	4,600	1,790
当月製造費用	25,300	18,450
合　計	29,900	20,240

* （　）内の数値は，加工進捗度を表している。
* 材料は，工程の始点ですべて投入する。
* 完成品と月末仕掛品への原価配分は，平均法を用いている。
* 仕損はすべて正常な範囲のものであり，工程終点で発生している。
* 仕損の処理は，度外視法とする。

【解答・解説】

生産データと金額を整理し（加工データはカッコで示す），直接材料費・加工費の月末仕掛品原価，完成品総合原価および完成品単位原価を計算していく。仕損は終点発生のため，仕損費は完成品負担となる。また終点では加工が終了していると考えられるので，加工進捗度は100％となり，生産データ右側の仕損は直接材料費・加工費ともに10となる。問題の指示により平均法で処理する。

```
           生産データ
   4,600  |  30  |
  (1,790) | (15) |  200
          |------|------
  25,300  | 230  |  10
 (18,450) | (205)|  50
                 | (10)
```

$$月末仕掛品直接材料費 = \frac{4,600円 + 25,300円}{200個 + 10個 + 50個} \times 50個 = 5,750円$$

$$月末仕掛品加工費 = \frac{1,790円 + 18,450円}{200個 + 10個 + 10個} \times 10個 = 920円$$

月末仕掛品原価 = 5,750円 + 920円 = 6,670円

完成品総合原価 = 4,600円 + 1,790円 + 25,300円 + 18,450円 − 6,670円 = 43,470円

完成品単位原価 = 43,470円 ÷ 200個 = 217.35円/個

月末仕掛品原価	6,670円
完成品総合原価	43,470円
完成品単位原価	217.35円/個

　度外視法（完成品負担）は，仕損を直接把握することなく良品に自動的に負担させることとなるが，その計算構造を詳述する。材料単価を例にすると，

$$材料単価 = \frac{29,900円}{200個 + 10個 + 50個} = 115円/個$$

という計算を行っていたが，分母に仕損10を加えているので材料単価は仕損費を含んでいない。この仕損費を含んでいない単価で月末仕掛品の評価をすると，差引で求められる完成品総合原価は自動的に仕損費全額が加算されることとなるのである。加工費も同様に，分母を200個 + 10個 + 10個 = 220個として計算する。

(注)
1) 仕損，減損は，多くの製造工程で避けることのできないものである（正常な生産を行ううえで不可避となる）。半導体のように複雑な製品になると，通常，仕損が生じてしまう（cf. Charles T. Horngren, Srikant M. Dater and Madhav V. Rajan, *Cost Accounting, A Managerial Emphasis*, 14th ed., 2011, p.667)。
2) これに対して，加工進捗度が25％，50％，100％に達した点で，それぞれ全減損量の25％，50％，100％が生じる場合を**安定発生**という。
3) 非度外視法は仕損を分離・把握したうえで，改めて良品に負担させる方法である。

第7章

工場会計の独立と決算のための計算

　機械部品メーカーであるTAKAMINA工業は，本社敷地内に工場があり，すべての取引を本社の会計帳簿に記録する方法がとられていた。しかし，事業拡張にともなって，新たな工場を遠隔地に建設することとなった。新工場では，規模が拡大して，作業工程が複雑化かつ多様化することが予想され，地理的な距離も広がるため，工場から本社への連絡の遅れも想定されることから，総勘定元帳を本社元帳と工場元帳に分離し，工場独自の帳簿組織を新設し，工場会計を独立させることになった。

1．工場会計の独立

　工場の規模が比較的小さく，本社と工場の距離が近い場合は，すべての取引を本社の会計帳簿に記録する方法がとられることが一般的である。しかし，本社と工場の地理的な距離が遠くなり，工場の規模が拡大して，生産工程が複雑になると，工場の会計と本社の会計を一括して行うと，帳簿組織や勘定が複雑になり，その運用が困難になってしまう。そこで，このような状況では，帳簿組織に関して，仕訳帳を本社の一般仕訳帳と工場の工場仕訳帳に，総勘定元帳を本社の一般元帳と工場元帳にそれぞれ分離して，工場独自の帳簿組織を設ける。これを**工場会計の独立**という。工場会計を独立させることによって，工場での原価管理に必要な資料の作成が可能となるというメリットがある。また，本社と工場間の責任分担により，内部統制に効果があり，また，本社の経理事

務の軽減が図れる[1]。

工場会計の独立では，一般に，本社の会計帳簿から製品の製造に関する諸勘定（たとえば，材料勘定，労務費勘定，経費勘定，製造勘定，製造間接費勘定，製品勘定など）を分離して，工場元帳に移行する。本社には購買活動および販売活動に関する諸勘定（たとえば，買掛金勘定，売掛金勘定，売上勘定，売上原価勘定など）が設定される。さらに，工場には本社との貸借関係を処理する勘定として本社勘定，本社には工場との貸借関係を処理する勘定として工場勘定が設定される。本社勘定と工場勘定の関係は，商業簿記における本支店会計の本店勘定と支店勘定の関係と同一である。たとえば，本社が材料を掛けで仕入れ，材料は仕入れ先から工場に直送された場合，本社は工場に対する債権の増加として工場勘定の借方に金額を記入し，工場は本社に対する債務の増加として本社勘定貸方に金額を記入する。

また，工場元帳勘定と本社の一般元帳勘定には本社と工場間のすべての取引が記入され，工場元帳勘定と本社の一般元帳勘定の残高は，貸借反対で常に一致する。工場会計を独立させた場合，取引は，本社だけに関係する取引，工場だけに関係する取引，本社と工場の両方に関係する取引に分けられる。

図表7-1　一般元帳と工場元帳の関係

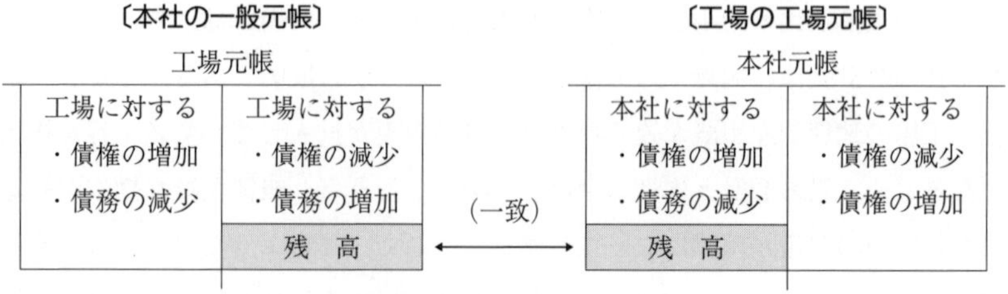

〔本社の一般元帳〕

工場元帳

工場に対する ・債権の増加 ・債務の減少	工場に対する ・債権の減少 ・債務の増加
	残　高

(一致)

〔工場の工場元帳〕

本社元帳

本社に対する ・債権の増加 ・債務の減少	本社に対する ・債権の減少 ・債権の増加
残　高	

工場会計の独立にともなって，本社が工場をプロフィット・センターとして位置づける場合がある。この場合，本社と工場の取引では，**内部振替価格**が適用される。内部振替価格制度では，取引に際して，原価に一定の利益（内部利

第7章　工場会計の独立と決算のための計算

益）を付加した振替価格が使用される。**内部利益**が加算される取引は，本社が工場のために材料あるいは部品などを購入する取引，工場が本社に製品を引き渡す取引などである。また，内部利益は以下のように計算される。

内部利益＝内部利益を含む製品棚卸高×利益加算率／（1＋利益加算率）

なお，決算に際して，内部振替価格制度が適用されている場合，本社と工場の合併財務諸表を作成する際に，未実現の内部利益控除が必要となる。

【問題7－1】

東京の千代田区に本社のあるTAKAMINA工業は，甲府市に工場を新設し，本社会計から工場会計を独立させた。甲府工場には製品倉庫があり，工場で製造されたすべての製品は，本社へ発送される前にこの倉庫に一時保管される。

なお，工場では本社への製品の発送に際して，製造原価に10％の内部利益を加算している。

工場では，本社の指示に従って，当月完成品2,800,000円の80％を本社に納入した。本社では，この製品のうち10％が期末製品棚卸高となっている。本社の月末製品棚卸高に含まれる内部利益を計算しなさい。

【解答・解説】

　　本社月末製品棚卸高に含まれる内部利益　　22,400円

内部取引の売上原価

　　2,800,000円×80％＝2,240,000円

内部取引の売上高

　　2,240,000円×（1＋0.1）＝2,464,000円

本社の月末製品棚卸高

　　2,464,000円×10％＝246,400円

　　未実現の内部利益

　　246,400円×0.1÷（1＋0.1）＝22,400円

> TAKAMINA工業では，決算に備え，工場において原価資料を作成し，本社へ送付して，製造原価報告書を作成することになった。

2．製品の完成

　製品の製造に関する作業が終了し，製品が完成した場合，その記帳手続は，個別原価計算制度を採用している企業と，総合原価計算を採用している企業では，その手続が異なる。

（1）　個別原価計算の記帳手続

　原価計算係は製品の完成によって，完成品原価報告書を作成する。完成品原価報告書には，製造指図書番号，完成日，品名，数量，単価，金額などが記入され，原価計算係と会計係が捺印する。次に会計係は，完成品原価報告書にもとづき製品元帳に受け入れの記入を行う。

　原価計算期末（月末）になると原価計算係は，1ヶ月分の完成品原価報告書の写しを集計して，完成品原価月報を作成して会計係に提出する。会計係はこれにもとづいて完成品原価を製造勘定から製品勘定への振替仕訳を行い，総勘定元帳に転記する。

（2）　総合原価計算の記帳手続

　総合原価計算では，原価計算期末にならなければ，製品単価が算出できないため，会計係は，製品が完成すると製造日報（完成品の品名と完成数量が記載されている）にもとづいて，製品元帳に受入数量のみを記入しておく。

　月末に原価計算係は1ヶ月分の製造日報を製造月報にまとめて，これにもとづいて総合原価計算表を作成する。会計係は，総合原価計算表で算出された製品単価にもとづいて，製品元帳に単価および金額を記入し，完成品原価を製造勘定から製品勘定に振り替える仕訳を行って，総勘定元帳に転記する。

3．製造原価報告書

財務諸表を作成する場合，流通業と製造業では，売上原価の計算に以下のような違いがある。

【流通業の場合】
売上原価＝期首商品棚卸高＋当期商品純仕入高－期末商品棚卸高
※　純仕入高（総仕入高－仕入値引・返品高）

【製造業の場合】
売上原価＝期首製品棚卸高＋当期製品製造原価－期末商品棚卸高

製造業の損益計算書では，その売上原価の算定の基礎となるのは当期製品製造原価である。当期製品製造原価は，一会計期間に製造された製品の製造原価のことで，その内訳明細は製造原価報告書に明示されている。その意味では，製造原価報告書は，損益計算書に添付される明細書である。製造原価報告書は，以下のような手順で作成される。

①　当期の製造費用を材料費，労務費，経費の各原価要素に区分して，一会計期間の消費高を計算・表示する。
②　材料費，労務費，経費の合計額を当期製造費用として表示する。
③　当期製造費用に期首仕掛品棚卸高を加算する。
④　当期製造費用と期首仕掛品棚卸高の合計から期末仕掛品棚卸高を差し引いて，当期製品製造原価を計算・表示する[2]。

図表7－2は，製造原価報告書と財務諸表の関係を示したものである。

図表7-2　製造原価報告書と財務諸表の関係

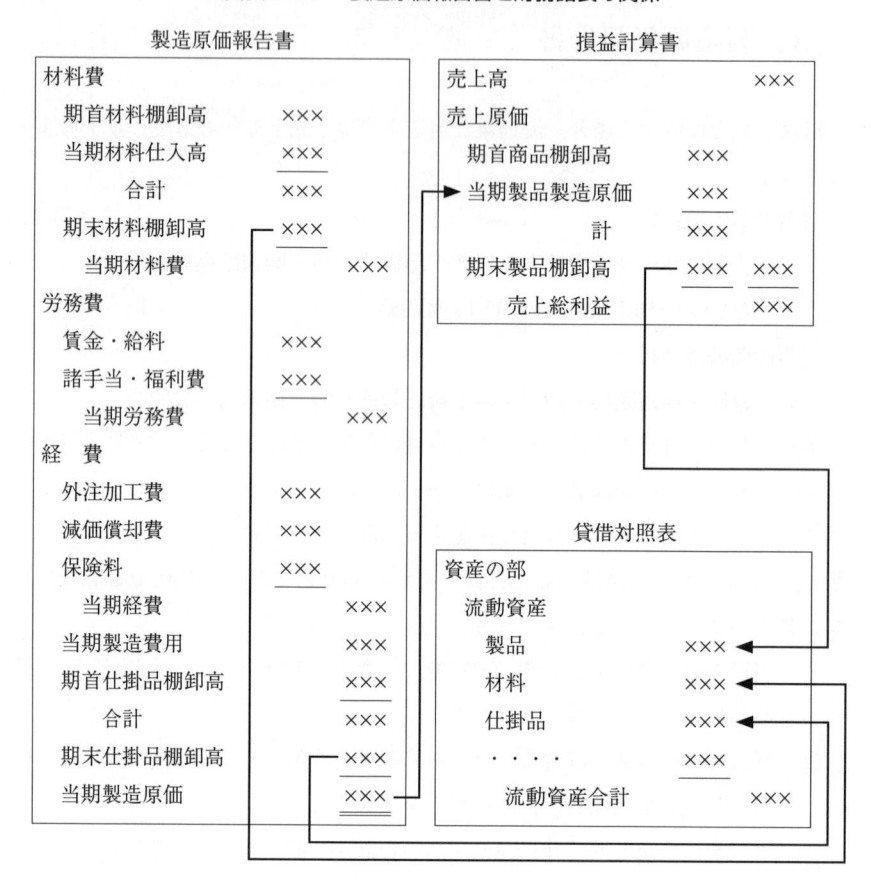

製造原価報告書

材料費		
期首材料棚卸高	×××	
当期材料仕入高	×××	
合計	×××	
期末材料棚卸高	×××	
当期材料費		×××
労務費		
賃金・給料	×××	
諸手当・福利費	×××	
当期労務費		×××
経　費		
外注加工費	×××	
減価償却費	×××	
保険料	×××	
当期経費		×××
当期製造費用		×××
期首仕掛品棚卸高		×××
合計		×××
期末仕掛品棚卸高		×××
当期製造原価		×××

損益計算書

売上高		×××
売上原価		
期首商品棚卸高	×××	
当期製品製造原価	×××	
計	×××	
期末製品棚卸高	×××	×××
売上総利益		×××

貸借対照表

資産の部		
流動資産		
製品	×××	
材料	×××	
仕掛品	×××	
・・・・	×××	
流動資産合計		×××

【問題7－2】
TAKAMINA工業では，年次決算に備え，製造原価報告書を作成することとなった。以下の資料にもとづいて，製造原価報告書を作成しなさい。

＜資料＞
① 期首および期末在高 (単位：千円)

	期首在高	期末在高
材料棚卸高	480,000	640,000
賃金未払高	160,000	320,000
製造経費未経過高	80,000	64,000

② 材料仕入高　　　　3,360,000
③ 賃金支払高　　　　2,400,000
④ 製造経費支払高　　1,424,000
⑤ 期首仕掛品棚卸高　　240,000
⑥ 期末仕掛品棚卸高　　400,000

【解答・解説】

製造原価報告書
(単位：千円)

Ⅰ	材料費		
	1．期首材料棚卸高	480,000	
	2．当期材料仕入高	3,360,000	
	合計	3,840,000	
	3．期末材料棚卸高	640,000	3,200,000
Ⅱ	労務費		
	賃金		2,560,000
Ⅲ	経　費		
	製造経費		1,440,000
	当期総製造費用		7,200,000
	期首仕掛品棚卸高		240,000
	合計		7,440,000
	期末仕掛品棚卸高		400,000
	当期製品製造原価		7,040,000

材料費＝3,360,000円＋480,000円－640,000円＝3,200,000円

労務費＝2,400,0000円－160,000円＋320,000円＝2,560,000円

経費＝1,424,000円＋80,000円－64,000円＝1,440,000円

当期総製造費用＝3,200,000円＋2,560,000円＋1,440,000円＝7,200,000円

当期製品製造原価＝7,200,000円＋240,000円－400,000円＝7,040,000円

（注）
1） 木村和三郎・小島男佐夫共著『工業会計入門』森山書店，1984年，180ページ。
2） 村田直樹『企業会計の基礎理論』同文舘，2010年，58－59ページ。

〈参考文献〉
浅田孝幸『テキスト原価計算入門』中央経済社　2011年。
村田直樹『企業会計の基礎理論』同文舘　2010年。

第8章

原価管理―コスト・コントロール―のための原価計算

 ヘルシービバレッジ株式会社は，健康飲料を製造する中小企業である。当社の健康飲料は体に良いと評判であり，近年の健康ブームに乗って，製品の売れ行きは順調に推移している。しかし，多くの飲料メーカーが参入してきており，製品価格の値下げ圧力が高まってきた。当社は実際総合原価計算を導入しており，製品単位当たりの実際原価を把握することに努めている。これにより，製造部長のA氏は，工場の原価計算担当者から毎月報告される製品単位当たりの実際原価が常に変化していることを知っていた。

 原価管理の必要性を感じていたA氏は，当期の実際原価を少なくとも前期の実際原価の水準に維持しつつ，可能であればより低い水準の実際原価を達成すべく，製品の原価を管理したいと考えた。社長と相談し，まずはコンサルティング会社から原価管理のための原価計算システムについて聞いてみることにした。コンサルティング会社の担当者は，原価管理とそのために必要な原価計算について説明してくれた。

1．原価管理の意義

（1） コスト・コントロールとコスト・マネジメント

 製品の原価を管理するためには，製品を製造するために発生する原価を計画し，計画した原価どおりに製品が製造されるように業務活動を監督することによって，原価の発生を抑えていくことが有効である。このように，原価管理に

は，原価の発生を計画する局面である**原価計画**と，原価の発生を統制する局面である**原価統制**が含まれる。そのため，原価管理には狭義と広義の捉え方がある。

① コスト・コントロール

原価管理を狭義に捉えると，原価統制のみを内容とする**コスト・コントロール**を意味する。コスト・コントロールは，製品を製造するための生産諸条件（製品の仕様・品質，使用材料，製造方法，製造設備など）を一定として計画した原価の発生額を基準とし，この基準となる原価に一致するように実際の原価の発生を抑えていく原価管理活動である。したがって，コスト・コントロールでは，生産諸条件および基準となる原価は，管理者に前提として与えられており，管理者はその下で原価の管理を行っていくことになる。

② コスト・マネジメント

他方，原価管理を広義に捉えると，原価計画と原価統制の双方を内容とする**コスト・マネジメント**を意味する。コスト・マネジメントは，利益管理の一環として，製品を製造するための生産諸条件を改善することにより，利益計画で設定された目標利益の達成を目指して計画的に基準となる原価それ自体の引下げを意味する**原価低減**を図り，加えて，引き下げられた基準に一致するように実際の原価の発生を抑えていく原価管理活動である。このように，コスト・マネジメントでは，原価計画の局面を含み，生産諸条件および基準となる原価は，原価低減によって計画的に見直されていくことになる。この点がコスト・コントロールとの大きな違いである。

（2） 原価管理の仕組み

① PDCAサイクル

コスト・コントロールであれコスト・マネジメントであれ，原価管理は通常，経営管理のサイクルに従って行われる。経営管理のサイクルは，一般に**PDCAサイクル**と呼ばれ，計画（plan），実行（do），評価（check），是正または改善（action）という4つの局面から成る。

第8章　原価管理―コスト・コントロール―のための原価計算　99

　このPDCAサイクルにおいて，統制は，計画以降の3つの局面から成るプロセスを通じて実施される。コスト・コントロールでは，基準となる原価が原価計画を通じて設定されている状態からスタートし，基準となる原価の達成を目標として，実際原価が基準となる原価に一致するよう製造活動を行う。そして，その結果発生した実際原価を基準となる原価と比較して評価し，実際原価が基準となる原価を上回っているようであれば，基準となる原価に一致させるべく，実際原価を引き下げるための是正措置が講じられる。

　② **例外管理**

　このようなPDCAサイクルにおいて重要な管理の仕組みが，**例外管理**である。経営管理者は多忙であるため，すべての業務活動をつぶさに見て監督している時間はない。そこで，基準を設け，その基準から逸脱したもの，すなわち例外だけに集中することにより，限られた時間を有効に活用して管理活動を行う。このとき，経営管理者は，実際の結果が基準に一致していれば，業務活動は適正に行われており問題がないと判断するのである。

2．コスト・コントロールのための原価概念

（1）実 際 原 価
　① 基準としての問題点

　実際原価は，物品や労働力などの価格や賃率に，実際に消費した物品の数量や作業した時間を乗じることによって計算される原価である。実際原価の計算における物品の価格や消費量，作業能率や作業時間などは，市況や従業員の体調といった偶然に変化する様々な要因によって左右される。そのため，たとえ同じ製品であっても，異なる実際原価が計算されることになる。また，実際原価は，費目別計算から製品別計算まで，場合によっては，第1工程から最終工程までに至る段階的な計算手続を経て集計されることから，多くの時間と労力がかかる。そのため，実際原価は通常1ヶ月とされる原価計算期間が終了するまでは少なくとも把握されず，経営管理者が原価管理のために実際原価の情報

を必要としても，そのタイミングに間に合わない。

② 問題点への対策

このように，実際原価には，偶然的な要素によって引き起こされる変動性と，段階的な原価計算手続によってもたらされる遅延性という性質があるため，基準として用いるのには問題がある。そこで，実際原価の変動性に対しては，将来の一定期間において予想される平均的な需要量に見合った操業度である平均操業度（正常操業度）を用いて，季節や景気による操業度の変動が製品の原価に与える影響を抑え，また，実際原価の遅延性に対しては，将来の一定期間における価格を予想し定めた予定価格を用いて，より迅速に実際原価を計算できるようにして，実際原価をコスト・コントロールのための基準とすることへの対策が講じられてきた。

しかし，実際原価を基準とするやり方は，コスト・コントロールを有効に実施するにはなお不十分である。なぜなら，基準となる原価を達成したかどうかは，原価管理に責任を持つ現場の管理者たちにとって，自らの人事考課につながる重大な関心事であるが，実際原価は基準として信頼できず，達成目標として受け入れられないからである。また，偶然に変動する実際原価同士の比較によって得られる情報は，現場の管理者たちが現行の業務活動を是正するために何ら役立たないからである。

（2） 標 準 原 価

① 基準となる予定原価

予定原価は，製品の製造前に，原価計画を通じて製品1単位を製造するのに必要な原価をあらかじめ算定しておき，これに製品の実際生産量を乗じることによって，迅速に製品原価を計算できるようにしたものである。このような予定原価には，見積原価と標準原価がある。**見積原価**は，製品1単位を製造するのに必要な原価をまったくの勘によって見積もった**原価見積**によって計算される原価である。他方，**標準原価**は，製品1単位を製造するのに必要な原価を科学的・統計的調査にもとづいて確定した**原価標準**によって計算される原価であ

る。したがって，基準としての客観性や信頼性は，見積原価よりも標準原価の方が断然優れている。

② 標準原価の意義

標準原価は，フレデリックW．テイラー（Frederick Winslow Taylor）らによる**科学的管理法**における標準という概念を，原価計算に導入することで生成した原価概念である。標準原価は，製品単位当たりに消費される物量の標準に，原材料や労働力などの予定価格または正常価格を乗じて原価標準を算定し，これに実際生産量を乗じることによって計算される。

標準原価＝原価標準×実際生産量
原価標準＝製品単位当たりの物量標準×予定価格または正常価格

製品単位当たりに消費される物量の標準は，原材料や労働力などの投入量とそれらから生産される製品の産出量との関係を科学的・統計的な方法によって調査して導き出される。そのため，標準原価は，最小限の投入量で最大限の産出量を得る能力の程度を意味する**能率**の測定尺度となる。

③ 標準原価の種類

そのような標準原価には，さまざまな種類がある。まず，達成がどれほど困難か，という**厳格度**の観点では，標準原価は，価格，能率，操業度の各水準の組み合わせにより，主として，理想的標準原価，現実的標準原価，および正常標準原価の3つに分類される。

1）理想的標準原価

理想的標準原価は，価格・能率・操業度のいずれについても，理想的な水準の組み合わせの下で達成可能となる標準原価である。そのような理想的標準原価は，達成するのが最も難しく非現実的な達成水準の原価であり，工員たちのモチベーションを低下させる作用がある。そのため，能率の測定尺度としては用いられず，より現実的な標準原価を設定するための基礎として用いられる。

2）現実的標準原価

現実的標準原価は，価格・能率・操業度のそれぞれについて，良好な水準

の組み合わせの下で達成が期待される標準原価である。そのような現実的標準原価は，努力すれば達成可能な水準の原価であり，工具たちのモチベーションを高める作用がある。そのため，経済状態が不安定な場合の原価管理に最も適しており，財務諸表の作成や予算編成にも用いられる。通常，標準原価は，この現実的標準原価として設定される。

3）**正常標準原価**

正常標準原価は，価格・能率・操業度のいずれについても，正常な水準の組み合わせの下で達成可能な標準原価である。ここで，正常な水準とは，異常な状態を排除し，比較的長期にわたる過去の実際値を統計的に平準化して，これに将来の趨勢を加味した水準をいう。そのため，正常標準原価は，従来の努力の延長線上で達成可能な水準の原価であり，経済状態が安定している場合に財務諸表の作成や原価管理に用いられる。

また，経済状態などの変化に応じて標準原価を改定するか，という**改定頻度**の観点では，標準原価は，基準標準原価と当座標準原価に分類される。

1）**基準標準原価**

基準標準原価は，価格や賃金などの水準が変化しても，製品を製造するための基礎構造（製品の仕様や製造方法など）が変化しないかぎり改定されない標準原価であり，物価変動などの折に実際原価の動向を知るために用いられる。

2）**当座標準原価**

他方，**当座標準原価**は，製品を製造するための基礎構造はもちろん，価格や賃金などの水準や作業条件が変化した場合に，実状に合うよう必要に応じて改定される標準原価であり，真実の原価を示す達成目標として用いられる。

3．コスト・コントロールのための原価計算

(1) 標準原価計算の意義

　標準原価計算は，1910年代のアメリカにおいて，科学的管理法の考え方，すなわち標準の概念を導入することによって生成した原価計算である。それは，コスト・コントロールのための原価計算として，実際原価計算の欠陥を克服するために生み出されたものである。

　しかし，標準原価計算は，原価管理だけでなく，財務諸表作成，予算編成，記帳の簡略化・迅速化といった目的にも役立つ。すなわち，標準原価計算は，企業において毎期継続して要請される異なる目的が，重点の相違はあるものの同時に達成できる原価計算であり，複式簿記システムと有機的に結びついて，一定の計算秩序の下に常時継続的に行われる原価計算制度としての側面を持つ。

　標準原価計算制度の手続は，①原価標準の設定と指示，②標準原価の計算，③実際原価の計算，④標準原価差異の測定（標準原価と実際原価の差額の計算），

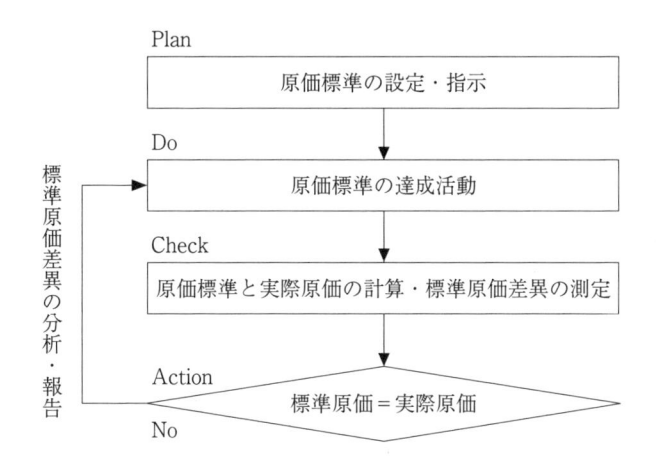

図表8－1　標準原価計算制度のPDCAサイクル

```
                    Plan
                ┌─────────────────────┐
                │   原価標準の設定・指示   │
                └──────────┬──────────┘
                           ↓
                    Do
    標    ┌──→   ┌─────────────────────┐
    準    │      │   原価標準の達成活動    │
    原    │      └──────────┬──────────┘
    価    │                 ↓
    差    │      Check
    異    │      ┌─────────────────────────────────┐
    の    │      │ 原価標準と実際原価の計算・標準原価差異の測定 │
    分    │      └──────────┬──────────────────────┘
    析    │                 ↓
    ・    │      Action
    報    │           ╱╲
    告    │          ╱  ╲
          │         ╱標準╲
          └────── ╱原価＝ ╲
                  ╲実際原価╱
                   ╲    ╱
                    ╲  ╱
                     No
```

⑤標準原価差異の費目別・原因別分析，⑥経営管理者への原価報告，⑦標準原価差異の会計処理という段階からなり，図表8－1のようなPDCAサイクルに従って進められる。

（2） 標準原価計算によるコスト・コントロール

　標準原価計算は，コスト・コントロールのための原価計算であるが，それはあくまでコスト・コントロールを支援する用具である。そのため，標準原価計算を導入したからといって必然的に原価が管理されるようになるわけではない。実際に無駄な原価が発生しないよう管理しているのは，製造現場の管理者であり従業員である。したがって，コスト・コントロールを実現するためには，管理者や従業員の行動に影響を及ぼす必要がある。

　本来，標準原価計算は，業務活動を行う人々の行動に影響を与えるシステムである。原価標準の設定と指示の段階では，現場の管理者などを参加させ，科学的・統計的な方法を用いることを通じて，**事前の原価管理**が可能となる。それは，原価標準の納得性や達成可能性を高めることで，人々が原価の発生に対して責任を持ち，その管理に積極的に取り組むようになるからである。

　また，標準原価の計算から経営管理者への原価報告までの段階では，原価計算担当者が経営管理者に，標準原価と実際原価，および標準原価差異とその分析結果を報告することを通じて，**事後の原価管理**が可能となる。それは，原価差異が発生したこと，そしてその原因がどこにあるか，を示す情報が経営管理者に提供されることで，経営管理者が現行の業務活動を是正するための措置を講ずるきっかけとなるからである。同様に，日々の業務においても，原価計算担当者が現場の管理者に，物量の標準と実績データ，およびそれらの差異を報告することを通じて，**事中の原価管理**が可能となる。

　なお，もし是正措置を講ずる中で標準それ自体が不当であると判明したならば，原価標準の設定と指示の段階に立ち返り，原価標準を改定しなければならない。原価標準は達成すべき目標であり，その達成状況は人事考課のための資料となる。したがって，標準原価計算からもたらされる原価情報は，目標達成

に責任を負う人々の行動に，そして現場における原価の発生に，影響を与えることになるのである。

> コンサルタント会社の担当者の説明を聞いた後，ヘルシービバレッジ株式会社はコスト・コントロールを実施することを主目的に，標準原価計算を導入することを決め，コンサルタント会社と契約を結んだ。数日後，A氏は，コンサルタント会社の担当者の協力の下，工場長および原価計算担当者らとともに，標準原価計算の具体的な手続に入った。

4．標準原価計算の手続

（1） 原価標準の設定と指示

原価標準を設定する方法には，主に過去の原価データの分析と課業の分析があるが，両者を組み合わせて行うことが多い。

過去の原価データの分析は，製品を製造するための基礎構造に変化がないかぎり，過去の実際原価データを科学的・統計的に分析する方法である。その分析結果は，将来の原価を予測するための基礎となり，原価計算担当者は，これに将来予想される物価や操業度などの変動を加味することで，原価標準を算定する。他方，課業の分析は，IE（生産管理工学）により，製品を製造するために一定時間内に遂行すべき作業工程を科学的・統計的に分析する方法である。製品を製造するための基礎構造に変化がある場合や作業改善を行う場合には，この方法を用いる必要がある。原価計算担当者は職長やエンジニアらと協力して，原材料の消費量や機械設備の使用方法などを調査・研究し，また，時間研究や動作研究を通じて工具の作業時間を測定して，原価標準を算定する。

原価標準の算定にあたっては，まず，製品単位当たりの製造に必要となる各種の直接材料費，作業種類別の直接労務費，部門別の製造間接費配賦額の標準となる，**直接材料費標準，直接労務費標準，製造間接費標準**を算定する。直接

材料費標準と直接労務費標準は，製品単位当たりの物量の標準に価格の標準を乗じて算定する。その一方で，製造間接費標準は，実際原価計算の部門別計算に準じて，一定期間において各部門で発生する製造間接費を見積もり，製造間接費予算として算定する。次に，それらを合計して原価標準を算定し，**標準製品原価表（標準原価カード）**において指示する（図表8－2参照）。原価標準の算定根拠は，必要に応じて補助カード（材料明細表，標準作業表，製造間接費予算表など）に示しておく。

図表8－2　標準原価カード

	標準原価カード		
		製　　品	健　康　飲　料
		標準設定日	平成×1年10月1日
	標準消費量	標準価格	金　　額
直接材料費	252g	0.25円/g	63円
	標準作業時間	標準賃率	
直接労務費	0.0075時間	2,000円/時間	15
	標準作業時間	標準配賦率	
製造間接費	0.0075時間	1,600円/時間	12
		合　　　計	90円

（2）　標準原価と実際原価の計算

製造活動が一定期間行われ，製品の実際生産量が判明すると，標準原価と実際原価の計算が可能となる。標準原価は，実際生産量に原価標準を乗じて計算する。また，実際原価は，実際原価計算の手続に従って計算する。

標準原価は，製品の製造後に計算される事後原価であり，製品の製造前に算定される事前原価の原価標準とは異なる。標準原価計算制度において，標準原価は，一定期間における製品の実際生産量が把握された後に計算され，主要簿への記入を通じて複式簿記システムへと組み入れられることになる。

標準原価を複式簿記システムに組み入れる方法には，大別してパーシャル・プランとシングル・プランがある。

① パーシャル・プラン

パーシャル・プランは，実際生産量に原価標準を乗じて計算した標準原価を複式簿記システムへ組み入れる方法である。パーシャル・プランでは，製造工程から産出された製品の生産量について標準原価を計算し，仕掛品勘定（製造勘定）貸方への記入を行うことから，アウトプット法と呼ばれる。この方法による勘定連絡図を示せば，図表8－3のようになる。

図表8－3　パーシャル・プランによる勘定記入

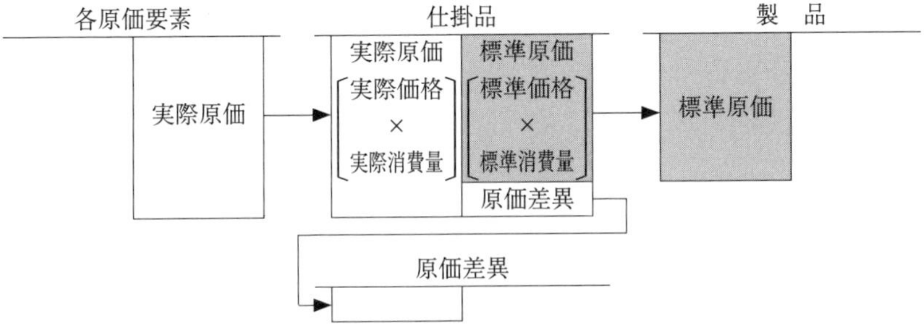

```
各原価要素              仕掛品              製　品
┌──────┐      ┌──────────┐     ┌──────┐
│      │      │実際原価 標準原価 │     │      │
│      │      │[実際価格 [標準価格│     │      │
│実際原価│ ──→ │  ×     ×    │ ──→ │標準原価│
│      │      │実際消費量 標準消費量│   │      │
│      │      │      原価差異   │     │      │
└──────┘      └──────────┘     └──────┘
                      ↑
                 ┌────────┐
                 │ 原価差異 │
                 └────────┘
```

② シングル・プラン

シングル・プランは，原材料や労働力などの消費について原価要素ごとに計算した標準原価を，複式簿記システムへ組み入れる方法である。シングル・プランでは，製造工程へ投入された原材料や労働力などの消費量について標準原価を計算し，仕掛品勘定借方への記入を行うことから，インプット法と呼ばれる。この方法による勘定連絡図を示せば，図表8－4のようになる。

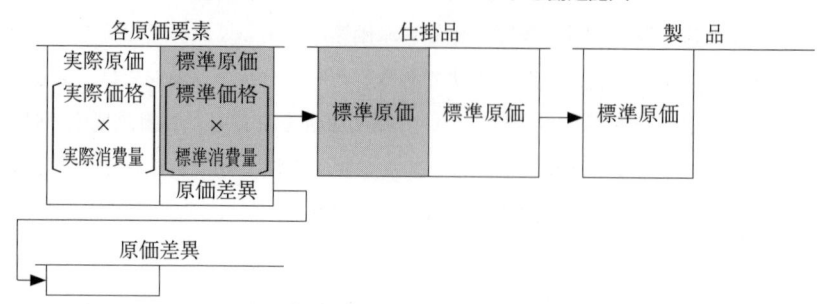

図表8-4　シングル・プランによる勘定記入

```
    各原価要素              仕掛品              製　品
┌─実際原価─┬─標準原価─┐┌─────┬─────┐┌─────┐
│[実際価格] │[標準価格] ││         │         ││         │
│    ×     │    ×     ││ 標準原価 │ 標準原価 │→│ 標準原価 │
│ 実際消費量 │ 標準消費量 ││         │         ││         │
└──────┼──────┤└─────┴─────┘└─────┘
       │  原価差異  │
       └──────┘
           │
  ┌────────┐
  │  原価差異  │
  └────────┘
```

　両方法の勘定連絡図を見ればわかるように，シングル・プランの方がパーシャル・プランよりも迅速に，さらには原価要素ごとに，原価差異を把握して分析することができ，原価管理の点では優れている。しかし，シングル・プランによると，原価差異の総額は，各原価要素について把握した原価差異を積み上げて計算しなければならず，パーシャル・プランに比べて多くの手間がかかる。そこで，パーシャル・プランを部分的に改良した方法として，修正パーシャル・プランがある。

　③　**修正パーシャル・プラン**

　修正パーシャル・プランは，パーシャル・プランと同様に実際生産量に原価標準を乗じて計算した標準原価を複式簿記システムへ組み入れる方法であり，製造工程から産出された製品の生産量について標準原価を計算し，仕掛品勘定貸方への記入を行う。しかし，パーシャル・プランとは異なり，製造工程へ投入された原材料や労働力などの消費量については，標準価格に実際消費量を乗じて実際原価を計算し，仕掛品勘定借方への記入を行う。したがって，この時点では物量についてのみ原価差異が把握される（図表8-5参照）。

　なお，価格についての原価差異（たとえば，材料受入価格差異）は，各原価要素の購入時に，標準価格で実際購入量を受け入れた時に把握される。

第8章　原価管理―コスト・コントロール―のための原価計算　109

図表8−5　修正パーシャル・プランによる勘定記入

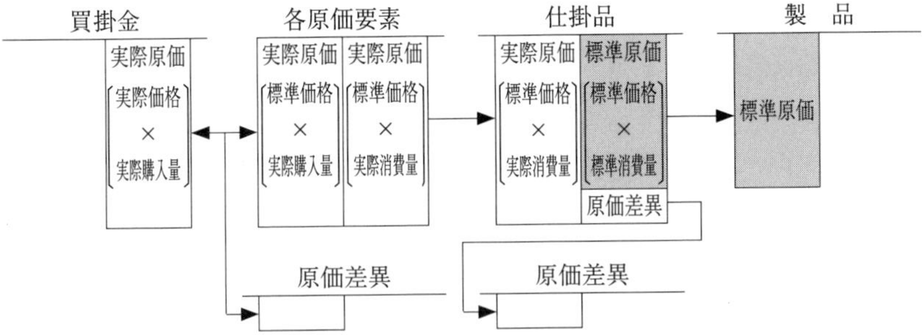

買掛金	各原価要素	仕掛品	製　品
実際原価 (実際価格 × 実際購入量)	実際原価 (標準価格 × 実際購入量) ／ 実際原価 (標準価格 × 実際消費量)	実際原価 (標準価格 × 実際消費量) ／ 標準原価 (標準価格 × 標準消費量) 原価差異	標準原価

原価差異／原価差異

　いずれの方法を採用するかは，各企業の実情に即して決定する必要があるが，一般に，パーシャル・プランは，製造工程が複雑でない大量生産形態で，詳細な原価分析をあまり必要とせず，計算手続に要する手間を最小限にとどめたい場合に適している。また，シングル・プランは，製造工程への原材料や労働力などの標準投入量が明らかとなるロット別や組別の生産形態で，計算手続に要する手間をかけてでも，詳細な原価分析を必要とする場合に適している。

【問題8−1】

ヘルシービバレッジ株式会社では，健康飲料を少数の工程で生産しており，詳細な原価分析をあまり必要としない。また，計算手続にも手間をかけたくないため，標準原価を複式簿記システムに組み入れる方法として，パーシャル・プランを採用することにした。10月における健康飲料の実際生産量が判明したため，原価計算担当者は，標準原価と実際原価を計算し，主要簿への記入を行うことにした。

次の資料にもとづいて，標準原価および実際原価を計算し，パーシャル・プランによる仕掛品勘定への記入を行いなさい。

<資料>

1. 原価標準

    標準原価カード（106ページ）を参照

2. 10月の生産データ

    月初仕掛品　　　3,200単位（60%）
    当月投入　　　 25,000
    　計　　　　　 28,200単位
    月末仕掛品　　　4,800　　（40%）
    完成品　　　　 23,400単位

    （注）① 材料はすべて工程の始点で投入された。
    　　　② （　）は加工進捗度を示す。

3. 製造間接費予算（月間の公式法変動予算）

    基準操業度　240時間（直接作業時間）
    変動費率　　@450円
    固定製造間接費予算額　276,000円

4. 原価データ

    実際直接材料費　1,716,000円（＝6,600kg×260円/kg）
    実際直接労務費　447,200円（＝208時間×2,150円/時間）
    実際製造間接費　437,800円

【解答・解説】

（１）　標準原価の計算

　　原価標準90円×実際生産量23,400単位＝2,106,000円

（２）　実際原価の計算

①　月末仕掛品原価の計算

　　直接材料費

$$\frac{月初仕掛品原価201,600円＋実際直接材料費1,716,000円}{完成品量23,400kg＋月末仕掛品量4,800kg}×月末仕掛品量4,800kg$$

＝326,400円

※　月初仕掛品原価201,600円＝月初仕掛品量3,200kg×直接材料費標準63円

　　加　工　費

$$\frac{月初仕掛品原価51,840円＋実際加工費885,000円}{完成品量23,400kg＋月末仕掛品換算量1,920kg}×月末仕掛品換算量1,920kg$$

＝71,040円

※　月初仕掛品原価51,840円＝月初仕掛品換算量1,920kg×加工費標準27円

※　加工費標準27円＝直接労務費標準15円＋製造間接費標準12円

※　実際加工費885,000円＝実際直接労務費447,200円＋実際製造間接費437,800円

　　月末仕掛品原価

　　直接材料費326,400円＋加工費71,040円＝397,440円

②　完成品原価の計算

月初仕掛品原価253,440円＋当期製造費用2,601,000円－月末仕掛品原価397,440円＝2,457,000円

※　月初仕掛品原価253,440円＝直接材料費の月初仕掛品原価201,600円

　　　　　　　　　　　　　　＋加工費の月初仕掛品原価51,840円

※　当期製造費用2,601,000円＝実際直接材料費1,716,000円

　　　　　　　　　　　　　　＋実際直接労務費447,200円

　　　　　　　　　　　　　　＋実際製造間接費437,800円

③ 標準原価差異の計算

標準原価2,106,000円－実際原価2,457,000円＝351,000円（不利差異）

（3）仕掛品勘定への記入

仕 掛 品

月初仕掛品	253,440	製　　　品	2,106,000
直接材料費	1,716,000	標準原価差異	351,000
加　工　費	885,000	月末仕掛品	397,440
	2,854,440		2,854,440

（3） 標準原価差異の測定と分析

　実際原価計算の手続きを経て実際原価が計算されると，標準原価との比較が可能となる。この原価比較によって，基準値を示す標準原価と実際値を示す実際原価との間に差異が判明し，**標準原価差異**の発生が認識される。このとき，標準原価差異の金額は，標準原価から実際原価を差し引いて計算し測定する。

　標準原価差異＝標準原価－実際原価

　標準原価差異がプラスの値（標準原価＞実際原価）である場合には，**有利差異**（または貸方差異）と呼ばれ，製造活動が能率的に行われたことにより，利益に有利な影響が及ぼされたことを示す。反対に，標準原価差異の金額がマイナスの値（標準原価＜実際原価）である場合には，**不利差異**（または借方差異）と呼ばれ，製造活動が能率的に行われず，利益に不利な影響が及ぼされたことを示す。

　この原価差異情報は，業務活動に対して措置を講じるために活用される。すなわち，原価差異が有利差異の場合には業務活動を推進し，不利差異の場合には業務活動を是正するのである。しかし，標準原価差異には，原価標準が設定された直接材料費，直接労務費，製造間接費のそれぞれについて発生したあらゆる原価差異が含まれているため，そのままでは原価差異が発生した原因を突き止めることができない。原価差異の発生原因を明らかにするためには，標準原価差異を構成する直接材料費差異，直接材料費差異，製造間接費差異を計算し，さらにそれらを分析する必要がある。

① 製造直接費の差異分析

　製造直接費である直接材料費および直接労務費などについては，物量および価格の標準値と実際値が測定される。そのため，物量と価格のそれぞれについて，標準値と実際値との差から生じた原価差異を計算し，分析することができる。すなわち，製造直接費の標準原価差異は，価格差異と能率差異とに分析する。これを図示すれば，図表8-6のようになる。

図表8-6　製造直接費の差異分析

	実際原価	
実際消費価格	価格差異	混合差異
標準消費価格	標準原価	能率差異
	標準消費量	実際消費量

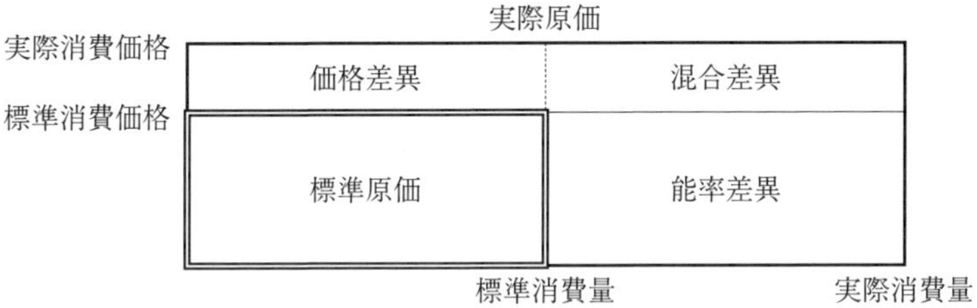

　価格差異は，標準消費価格と実際消費価格との差から生じる原価差異であり，次式により計算する。なお，価格差異は一般に，直接材料費については価格差異（材料価格差異，材料消費価格差異），直接労務費については**賃率差異**（労働賃率差異）と呼ばれる。

　　　　価格差異＝(標準消費価格－実際消費価格)×実際消費量

　能率差異は，実際生産量に対して計算された原材料や労働力の標準消費量と実際消費量との差から生じる原価差異であり，次式により計算する。なお，能率差異は一般に，直接材料費については**数量差異**（材料数量差異，材料消費量差異），直接労務費については**作業時間差異**（労働時間差異）と呼ばれる。

　　　　能率差異＝(標準消費量－実際消費量)×標準消費価格
　　　　　※標準消費量＝製品単位当たりの標準消費量×実際生産量

　なお，**混合差異**は，価格差異と能率差異とが混ざり合った差異であるため，これを価格差異とするか能率差異とするかが問題となる。原材料や労働力など

の価格は，製造現場の管理者には管理できない要素である。他方，原材料や労働力などの物量（消費量）は，製造現場の管理者によって管理される要素である。したがって，現場管理者の管理責任を明確にするためにも，価格要素が含まれている混合差異は能率差異には含めず，これを価格差異に含めて分析する。

【問題8－2】

原価計算担当者は，標準原価差異の発生原因を明らかにするために，まず直接材料費および直接労務費の製造直接費について，それぞれ原価差異の計算と分析を行うことにした。

問題8－1（110ページ）の資料にもとづいて，直接材料費および直接労務費の差異分析を行いなさい。

【解答・解説】

（1） 直接材料費差異の分析

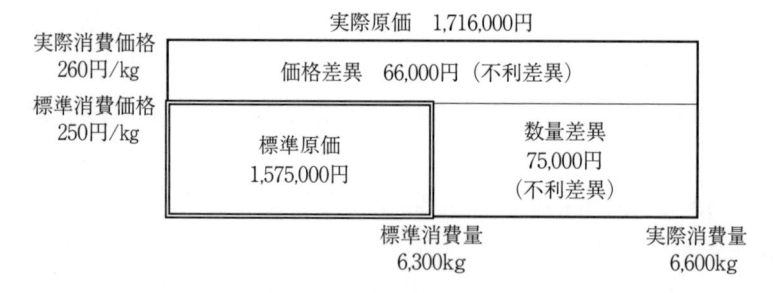

	実際原価　1,716,000円	
実際消費価格 260円/kg	価格差異　66,000円（不利差異）	
標準消費価格 250円/kg	標準原価 1,575,000円	数量差異 75,000円 （不利差異）
	標準消費量 6,300kg	実際消費量 6,600kg

① 直接材料費差異（総差異）の計算

　標準原価1,575,000－実際原価1,716,000円＝141,000円（不利差異）

　※標準原価1,575,000円＝標準消費価格250円/kg×標準消費量6,300kg

　※標準消費量6,300kg＝製品単位当たりの標準消費量252g×実際生産量（当月投入）
　　25,000単位

② 価格差異の計算

(250円/kg − 260円/kg) × 6,600kg = 66,000円（不利差異）

③ 数量差異の計算

(6,300kg − 6,600kg) × 250円/kg = 75,000円（不利差異）

（2） 直接労務費差異の分析

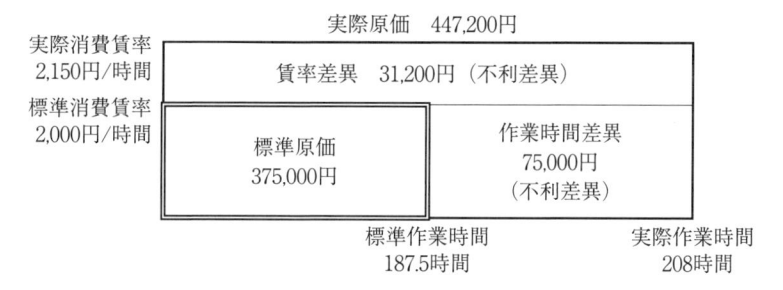

```
                    実際原価    447,200円
実際消費賃率  ┌─────────────────────────────────┐
2,150円/時間  │    賃率差異  31,200円（不利差異）  │
標準消費賃率  ├──────────────┬──────────────────┤
2,000円/時間  │              │   作業時間差異     │
              │   標準原価    │     75,000円       │
              │   375,000円   │   （不利差異）     │
              └──────────────┴──────────────────┘
                      標準作業時間      実際作業時間
                       187.5時間         208時間
```

① 直接労務費差異（総差異）の計算

標準原価375,000円 − 実際原価447,200円 = 72,200円（不利差異）

※標準原価375,000円 = 標準消費賃率2,000円/時間 × 標準作業時間187.5時間

※標準作業時間187.5時間 = 製品単位当たりの標準作業時間0.0075時間

　　　　　　　　　× 実際生産量（当月投入）25,000単位

② 賃率差異の計算

(2,000円/時間 − 2,150円/時間) × 208時間 = 31,200円（不利差異）

③ 作業時間差異の計算

(187.5時間 − 208時間) × 2,000円/時間 = 41,000円（不利差異）

② **製造間接費の差異分析**

製造間接費については，製品単位当たりの物量および価格の標準値と実際値が測定されない。そのため，製造間接費については，部門別の予算にもとづいて予算管理を行うことになる。製造間接費予算は，固定予算または変動予算として設定されるため，これにもとづいて製造間接費の**標準配賦率**と**標準配賦額**を次式により計算する。

標準配賦率＝基準操業度における製造間接費予算額÷基準操業度
標準配賦額＝標準操業度×標準配賦率

※標準操業度＝製品単位当たりの標準操業度×実際生産量

そして，製造間接費の標準原価である標準配賦額と実際原価である実際発生額との差から生じた原価差異を計算し，分析する。製造間接費差異の分析方法は，固定予算による場合と変動予算による場合とで異なる。

　1）　固定予算による差異分析

固定予算は，次期の予算期間（通常1年）において予期される正常な操業水準を基準とする**基準操業度**の下で計画され目標とされた製造間接費の発生予定額である。固定予算では，たとえ実際操業度が基準操業度と異なる場合でも，実際操業度に合わせて製造間接費の予算額を修正することはしない。常に基準操業度における予算額を原価管理のための標準とする。

固定予算による場合，製造間接費の標準原価差異は，一般に予算差異，操業度差異，能率差異の3つに分析する。これを図示すれば，図表8－7のようになる。

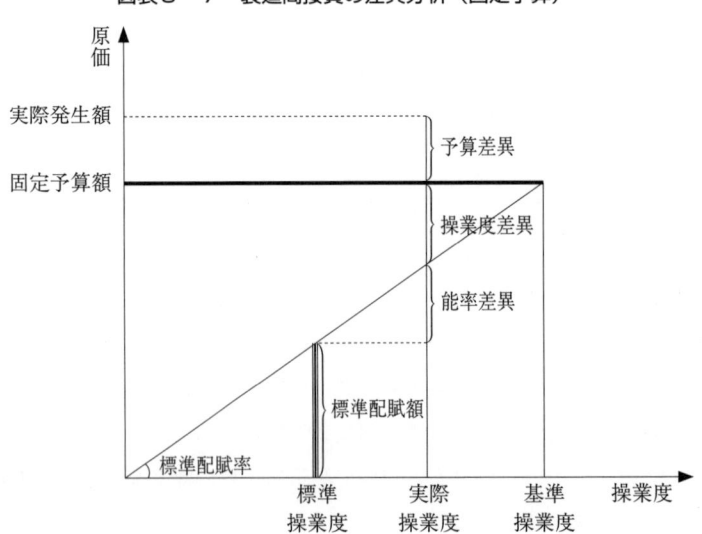

図表8－7　製造間接費の差異分析（固定予算）

予算差異は，製造間接費の予算額と実際発生額との差から生じる原価差異であり，次式により計算する。

予算差異＝製造間接費予算額－製造間接費実際発生額

操業度差異は，実際操業度と基準操業度との差から生じる原価差異であり，次式により計算する。

操業度差異＝（実際操業度－基準操業度）×標準配賦率
**　　　　　＝実際操業度に対する製造間接費標準配賦額－製造間接費予算額**

能率差異は，標準操業度と実際操業度との差から生じる原価差異であり，次式により計算する。

能率差異＝（標準操業度－実際操業度）×標準配賦率
**　　　　＝標準操業度に対する製造間接費標準配賦額－実際操業度に対する製造間接費標準配賦額**

2） 変動予算による差異分析

変動予算は，次期の予算期間において予期される正常な操業水準の範囲内で，操業度の変化に応じて弾力的に算定された製造間接費の発生予定額である。固定予算によると，季節や景気による操業度の変化が予算額（標準）に反映されず，経営管理者に誤った判断をもたらすことにつながる。そこで，変動予算では，実際操業度に合わせて製造間接費の予算額を修正し，種々の操業度に対応する予算額を原価管理のための標準とする。このように，原価管理の点では，変動予算の方が優れている。

変動予算には，実査法変動予算と公式法変動予算とがある。**実査法変動予算**は，基準操業度を中心として，予期される正常な操業水準の範囲内における種々の操業度を一定間隔で設定し，製造間接費を構成する原価要素について各操業度における金額を実際に調査することによって，変動予算額を算定する方法である。他方，**公式法変動予算**は，製造間接費を構成する原価要素を固定費と変動費とに分解し，「$y = a + bx$」（yは予算額，aは固定費額，bは変動費率，xは操業度）という公式によって，変動予算額を算定する方法である。公式法変動予算を図示すれば，図表8－8のようになる。

図表8－8　公式法変動予算

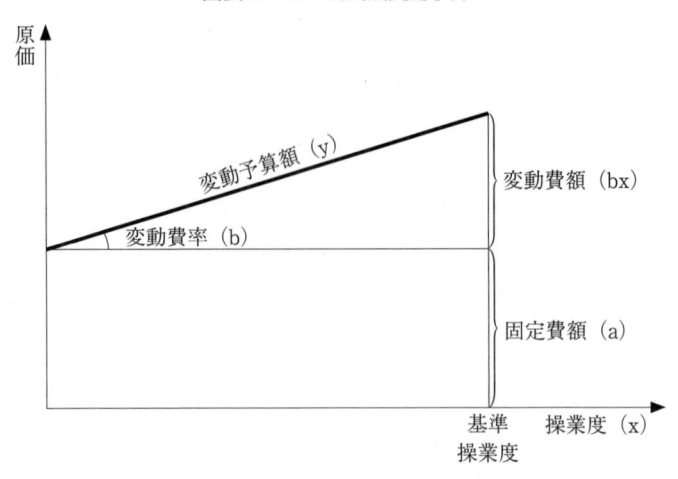

（グラフ：縦軸 原価、横軸 操業度（x）。変動予算額（y）の直線、変動費率（b）、変動費額（bx）、固定費額（a）、基準操業度を示す）

　どちらの方法を採用するかは，業種や業態によって判断する必要があるが，実査法はかなり多くの費用と手間がかかるため，公式法の方が採用しやすい。
　公式法変動予算による場合，製造間接費の標準原価差異は，2分法，3分法，4分法のいずれかによって分析する。**2分法**では管理可能差異と操業度差異の2つに，**3分法**では予算差異，操業度差異，能率差異の3つに，**4分法**では予算差異，操業度差異，変動費能率差異，固定費能率差異の4つに分析する。これを図示すれば，図表8－9のようになる。

第8章 原価管理―コスト・コントロール―のための原価計算　119

図表8－9　公式法変動予算による製造間接費の差異分析の方法

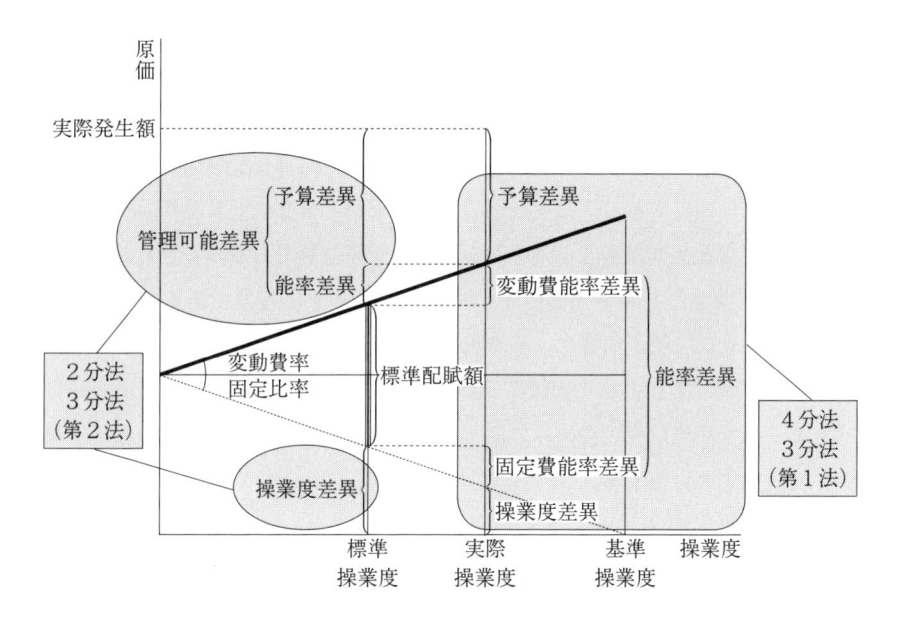

2分法による差異分析は，標準操業度上で見るとわかりやすい。**管理可能差異**は，標準操業度に対する製造間接費予算額と製造間接費実際発生額との差から生じる原価差異である。操業度差異は，標準操業度と基準操業度との差から生じる原価差異であるが，それは標準操業度に対する製造間接費標準配賦額と標準操業度に対する製造間接費予算額との差から生じる原価差異でもある。それぞれの原価差異は，次式により計算する。

管理可能差異＝標準操業度に対する製造間接費予算額－製造間接費実際発生額

※標準操業度に対する製造間接費予算額
　＝固定製造間接費予算＋標準操業度×変動費率

操業度差異＝(標準操業度－基準操業度)×固定費率
　　　　　＝標準操業度に対する製造間接費標準配賦額－標準操業度に対する製造間接費予算額

※標準操業度に対する製造間接費標準配賦額
＝標準操業度×標準配賦率（＝変動費率＋固定費率）

　3分法には，実際操業度にもとづいて差異分析を行う**第1法**と，標準操業度にもとづいて差異分析を行う**第2法**がある。予算差異は，第1法も第2法も同様に，実際操業度に対する製造間接費予算額と製造間接費実際発生額との差から生じる原価差異である。操業度差異は，第1法と第2法で異なり，第1法では実際操業度と基準操業度との差から生じる原価差異であるのに対して，第2法では標準操業度と基準操業度との差から生じる原価差異である。能率差異は，第1法も第2法も同様に，標準操業度と実際操業度との差から生じる原価差異であるが，第1法では変動費と固定費の双方に関する原価差異であるのに対して，第2法では変動費のみに関する原価差異である。それぞれの原価差異は，次式により計算する。

〔3分法（第1法）〕

　予算差異＝実際操業度に対する製造間接費標準配賦額－製造間接費実際発生額

　　※実際操業度に対する製造間接費予算額
　　　＝固定製造間接費予算＋実際操業度×変動費率

　操業度差異＝(実際操業度－基準操業度)×固定費率

　能率差異＝(標準操業度－実際操業度)×標準配賦率

〔3分法（第2法）〕

　予算差異＝実際操業度に対する製造間接費標準配賦額－製造間接費実際発生額

　操業度差異＝(標準操業度－基準操業度)×固定費率

　能率差異＝(標準操業度－実際操業度)×変動費率

　4分法の差異分析は，実際操業度上で見るとわかりやすい。予算差異は，第3法と同様に，実際操業度に対する製造間接費標準配賦額と製造間接費予算額との差から生じる原価差異である。操業度差異は，第3法（第1法）と同様に，実際操業度と基準操業度との差から生じる固定費に関する原価差異であ

る。能率差異は，第3法（第1法）における能率差異が変動費能率差異と固定費能率差異とに分析される。変動費能率差異は，3分法（第2法）と同様に，変動費のみに関する原価差異であり，固定費能率差異は，固定費のみに関する原価差異である。それぞれの原価差異は，次式により計算する。

予算差異＝実際操業度に対する製造間接費標準配賦額－製造間接費実際発生額

操業度差異＝（実際操業度－基準操業度）×固定費率

変動費能率差異＝（標準操業度－実際操業度）×変動費率

固定費能率差異＝（標準操業度－実際操業度）×固定費率

2分法，3分法，4分法の各方法による原価差異の関係をまとめると，図表8－10のようになる。

図表8－10　製造間接費差異の分析方法と各原価差異の関係

2分法	3分法 （第1法）	3分法 （第2法）	4分法
管理可能差異	予　算　差　異	予　算　差　異	予　算　差　異
	能　率　差　異	能　率　差　異	変動費能率差異
操業度差異		操業度差異	固定費能率差異
	操業度差異		操業度差異

【問題8－3】

原価計算担当者は，製造直接費に続いて，製造間接費についての原価差異の計算と分析を行うことにした。

問題8－1（110ページ）の資料にもとづいて，製造間接費の差異分析を行いなさい。

【解答・解説】

（1）製造間接費差異の計算

　　製造間接費標準配賦額300,000円－製造間接費実際発生額437,800円

= 137,800円（不利差異）

※ 製造間接費標準配賦額300,000円＝標準作業時間187.5時間×標準配賦率1,600円/時間

※ 標準作業時間187.5時間＝製品単位当たり標準作業時間0.0075時間×実際生産量25,000単位

※ 標準配賦率1,600円/時間＝変動費率450円/時間＋固定費率1,150円/時間

※ 固定費率1,150円/時間 ＝ $\dfrac{\text{固定製造間接費予算額276,000円}}{\text{基準操業度240時間}}$

　　　　　　　　　　　＝標準配賦率1,600円/時間－変動費率450円/時間

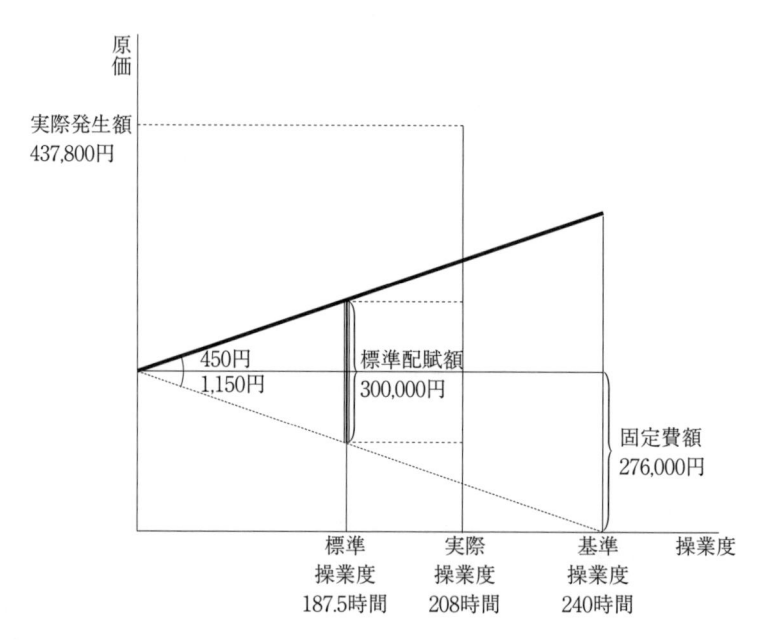

(2) 2 分 法

① 管理可能差異

　（450円/時間×187.5時間＋276,000円）－437,800円

　＝77,425円（不利差異）

② 操業度差異

第8章 原価管理―コスト・コントロール―のための原価計算　123

　　　（187.5時間 − 240時間）×1,150円/時間
　　＝60,375円（不利差異）
（3）3　分　法
　　【第1法】
　①　予算差異
　　　（450円/時間×208時間＋276,000円）−437,800円
　　＝68,200円（不利差異）
　②　能率差異
　　　（187.5時間 − 208時間）×（450円/時間＋1,150円）
　　＝32,800円（不利差異）
　③　操業度差異
　　　（208時間 − 240時間）×1,150円/時間
　　＝36,800円（不利差異）
　　【第2法】
　①　予算差異（第1法と同じ）
　　　（450円/時間×208時間＋276,000円）−437,800円
　　＝68,200円（不利差異）
　②　能率差異
　　　（187.5時間 − 208時間）×450円/時間
　　＝9,225円（不利差異）
　③　操業度差異（2分法と同じ）
　　　（187.5時間 − 240時間）×1,150円/時間
　　＝60,375円（不利差異）
（4）4　分　法
　①　予算差異（3分法と同じ）
　　　（450円/時間×208時間＋276,000円）−437,800円
　　＝68,200円（不利差異）
　②　変動費能率差異（3分法第2法と同じ）

(187.5時間 − 208時間) × 450円/時間

　　= 9,225円（不利差異）

③　固定費能率差異

　　(187.5時間 − 208時間) × 1,150円/時間

　　= 23,575円（不利差異）

④　操業度差異（3分法第1法と同じ）

　　(208時間 − 240時間) × 1,150円/時間

　　= 36,800円（不利差異）

（4）経営管理者への原価報告

　標準原価計算を通じて標準原価差異を計算し分析した後，原価計算担当者は，原価管理に役立てるため，原価情報を経営管理者に報告する。また，標準原価差異情報の提供を受けた現場の管理者は，これにもとづいて原価差異の発生原因別に，自らの責任と権限の下で管理可能な業務活動に対して必要な是正措置を講じる。原価差異ごとに推定される主な発生原因と製造現場の管理者によるその管理可能性をまとめると，図表8−11のようになる。

図表8−11　原価差異と主な発生原因および管理可能性

原価差異	推定される主な発生原因	製造現場の管理者による管理可能性
価格差異	・現場の事情により緊急に仕入れた高価格材料の使用	管理可能
価格差異	・不適切な価格標準の設定 ・為替変動などによる市場価格の変動 ・購買条件（購入先・購入方法・購入量など）の変更 ・使用材料の変更 ・仕入値引や割引 ・その他，企業外部の事情によるもの	管理不能
数量差異	・規格外や品質不良の材料の使用 ・材料の浪費 ・仕損の発生 ・作業能率の低下 ・機械設備や工具の整備不良	管理可能

第8章　原価管理—コスト・コントロール—のための原価計算　125

数量差異	・不適切な消費量標準の設定 ・製品規格の変更 ・仕様書や設計図の不備 ・機械設備，治工具，生産方法，作業手順の変更 ・厳しすぎる品質検査 ・その他，企業外部の事情によるもの	管理不能
賃率差異	・不適切な人員配置	管理可能
	・不適切な標準賃率の設定 ・賃金水準や賃金制度の変更 ・臨時の時間外作業などの必要による高い賃率での支払い ・その他，企業外部の事情によるもの	管理不能
作業時間差異	・監督の怠慢 ・従業員の怠慢，努力不足，失敗 ・手待ちなどによる時間の浪費 ・作業方法や手順の間違い ・仕損の発生 ・作業能率の低下 ・機械設備や治工具の故障	管理可能
	・不適切な作業時間標準の設定 ・その他，企業外部の事情によるもの	管理不能
予算差異	・間接材料，電力などの浪費・節約 ・機械設備や治工具の整備不良による修繕費の増加	管理可能
	・予定価格などの見積もりの誤り ・間接材料などの市場価格，間接賃金の賃率，電力料などの料率などの変動 ・その他，企業外部の事情によるもの	管理不能
操業度差異	・機械設備の整備不良などによる生産停止 ・他の製造部門のトラブルによる製造部門間の活動調整 ・労働意欲の低下	管理可能
	・景気などの一時的な市場状況の変化による減産や生産休止 ・季節などによる生産量の変動 ・販売部門の不振 ・ストライキや災害など ・その他，企業外部の事情によるもの	管理不能
能率差異	作業時間差異に同じ	

　また，原価計算担当者は，財務諸表の作成に役立てるため，標準原価差異を会計上，適正に処理する必要がある。標準原価差異の会計処理は，図表8－12にまとめた方法により行う。

図表8-12　標準原価差異の会計処理方法

材料受入価格差異	材料受入価格差異以外の原価差異		
	原　　則	多額に発生	異常な状態で発生
材料の払出高と期末有高に配賦	当年度の売上原価に賦課	当年度の売上原価と期末の棚卸資産に配賦	非原価項目
		【個別原価計算】指図書別または科目別に配賦	
		【総合原価計算】科目別に配賦	

　標準原価差異を売上原価に賦課した場合，標準原価差異は損益計算書において売上原価の内訳項目として記載される。標準原価計算による損益計算書の様式を示せば，図表8-13のとおりである。

図表8-13　標準原価計算による損益計算書の様式

損　益　計　算　書

```
Ⅰ　売　上　高　　　　　　　　　　　　×××
Ⅱ　売　上　原　価
　　1　期首製品棚卸高　　　　×××
　　2　当期製品製造原価　　　×××
　　　　合　　　計　　　　　　×××
　　3　期末製品棚卸高　　　　×××
　　　　標準売上原価　　　　　×××
　　4　原価差額　　　　　　　×××　　×××
　　　　売上総利益　　　　　　　　　　×××
Ⅲ　販売費および一般管理費　　　　　　×××
　　　　営　業　利　益　　　　　　　　×××
```

<参考文献>

『原価計算基準』大蔵省企業会計審議会中間報告　1962年。

石田芳彦編著『マネジメント基本全集14　生産管理（プロダクション）―品質管理とロジスティクス―』学文社　2007年。

岡本清『原価計算（六訂版）』国元書房　2000年。

加登豊編著『インサイト原価計算』中央経済社　2008年。

櫻井通晴編著『管理会計辞典』同文舘　2000年。

角谷光一編著『原価計算用語辞典』同文舘　1997年。

中央職業能力開発協会編著『ビジネス・キャリア検定標準テキスト　財務管理　2級（財務管理・管理会計）』社会保険研究所　2008年。

廣本敏郎『原価計算論（第2版）』中央経済社　2008年。

山田庫平・吉村聡編著『原価計算の基礎』東京経済情報出版　2008年。

山田庫平編著『基本原価計算用語辞典』白桃書房　2004年。

第9章

原価管理―コスト・マネジメント― のための原価計算

　ムーンマーク・ホームアプライアンス株式会社は，家電製品を製造する中堅企業である。当社の製品はデザインが良く価格が安いため，若い世代に人気がある。これまで少ない種類の製品を大量生産することによって価格を抑え利益を得てきたが，近年，アジアの競合他社との間で価格競争が起こり，販売数量および製品価格の下落傾向が続いている。そのため，従来のような利益を確保することが難しい状況となっている。

　当社では，長年，標準原価計算を用いて原価管理を行ってきた。売上の減少が続く中で利益を確保するには，原価管理を徹底してコスト・ダウンを図るしかない。しかし，なかなか原価が下がらないのが現状である。また，今後は売上の増大を図っていくことも重要である。それには，消費者のニーズに合った競合他社にはない新製品を開発し，品揃えを拡充していくとともに，多くの種類の製品を効率よく生産できる新しい生産体制を整える必要がある。とはいえ，そのためには多くのコストがかかり，一層のコスト・ダウンが要求される。

　現行の標準原価計算による原価管理に限界を感じた当社の経営陣は，新たな原価管理システムを導入することを決断し，コンサルティング会社と契約を結んだ。コンサルティング会社の担当者は，現代の生産環境におい

> て生じてきた標準原価計算による原価管理の限界，そして現代の原価管理の体系とそれを実現する原価計算について説明してくれた。

1．現代における原価管理

（1） 現代の生産環境

　近年，先進国の経済は成熟化し，市場には物やサービスが溢れ，消費者のニーズが多様化した。そのような社会的・経済的背景の中で，より多くの顧客を獲得するため，企業間競争が激しくなっていった。

　製造業には，次々と新製品を開発し，これを迅速に生産して，より求めやすい価格で市場に投入することが求められるようになった。そこで，企業は，多種類の製品を一定の品質でより安く迅速に製造するため，工場の自動化に取り組み，生産体制を少品種大量生産から**多品種少量生産**へと移行させてきた。

　その結果，製造現場では，製造工程の大部分を人に代わって機械設備が担うようになり，作業能率が格段に向上した。それに伴って，従来，製造原価に占める割合が多かった製造直接費とりわけ直接労務費が減少する一方，他方では製造間接費とりわけ機械設備関連の減価償却費や支援原価が大幅に増加し，製造原価に占める直接労務費の割合が相対的に減少している。

　また，成熟した市場における企業間競争の激化によって，多様な消費者ニーズを満たす製品を競合他社に先駆けて市場に投入しようとする開発競争が激しくなり，製品ライフサイクルが大幅に短縮化することになった。そして，消費者の需要に応じて多種類の製品を柔軟に生産できるようにするために，混流生産を可能とする**FMS**（flexible manufacturing system）が導入された。これにより，長期間にわたって生産諸条件を一定に保つことが困難になっている。

（2） 標準原価計算による原価管理の限界

　このような現代の生産環境において，原価管理における標準原価計算の重要

性が低下してきている。その原因は，標準原価計算による原価管理（以下，標準原価管理と呼ぶ。）が，人手を中心とする労働集約的な少品種大量生産体制という生産環境において，有効に機能するものであったことにある。

標準原価管理では，従業員による業務の能率を測定・評価することを可能とする尺度として，標準原価を用いる。経営管理者は，標準原価を従業員の業務目標とし，また業務結果（実際原価）との比較基準とすることで，従業員のモチベーションの向上を図ったり，業績を評価したりすることができた。また，標準原価によって安定した製品原価情報が提供されることで，経営管理者は，標準原価差異分析による原価情報を用いて，例外管理を実現することもできた。

しかし，近年のような機械設備を中心とする資本集約的な多品種少量生産体制では，原価管理における標準原価計算の有効性が失われつつある。それは，標準原価を基準とすることによって，次のような問題点が生じるからである。すなわち，現代の生産環境においては，①消費者ニーズの多様化により，製品・サービスの質や提供するスピードの向上と同時により安い価格が求められる中で，原価を一定水準に維持することだけが目的とされていること，②工場の自動化により，能率や直接労務費の管理の重要性が相対的に低下している中で，それらの管理に重点が置かれていること，③製品ライフサイクルの短縮化および多品種の混流生産により，長期間にわたって一定の生産諸条件を前提とすることが難しくなっているなかで，科学的・統計的な方法による調査にもとづいた原価標準の設定が必要とされること，などである。

（3） 現代における原価管理の体系

現代の生産環境における標準原価管理の限界を克服するため，現代における原価管理は，**原価企画，原価維持，原価改善**という３つの構成要素からなる体系として構築されている。この原価管理体系は，トヨタ自動車が1963年にいち早く確立したものである。

原価企画，原価維持，原価改善はそれぞれ，製品の生産プロセスに沿ったも

のとなっている。すなわち，原価企画は製品の企画・開発・設計段階に，原価維持と原価改善は製造段階に，適用される原価管理の方法である（図表9－1参照）。そして，理論的には，原価維持はコスト・コントロールに，原価改善はコスト・マネジメントに位置づけられる（コスト・コントロールおよびコスト・マネジメントについては第8章を参照のこと）。また，原価企画はコスト・マネジメントの中でも，戦略的コスト・マネジメントの1つとして位置づけられている。

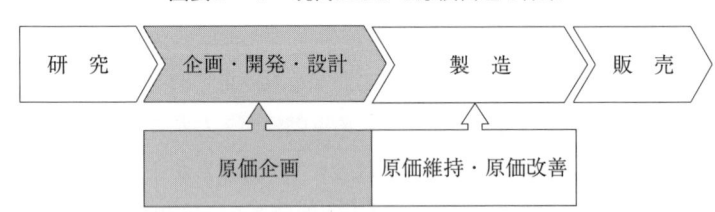

図表9－1　現代における原価管理の体系

研　究　→　企画・開発・設計　→　製　造　→　販　売

　　　　　　　原価企画　　　　原価維持・原価改善

（4）　コスト・コントロールと原価維持

　従来，原価管理といえば，コスト・コントロールが主流であった。コスト・コントロールは，製品を製造するための生産諸条件（製品の仕様・品質，使用材料，製造方法，製造設備など）を一定として計画した原価の発生額を基準とし，この基準となる原価に一致するように実際の原価の発生を抑えていく原価管理活動である。現代の原価管理おいて，これは原価維持によって行われる。

　原価維持は，1956年にトヨタ自動車で導入が完了した標準原価管理ないし予算管理に基づいて展開された原価管理活動である。原価維持とは，「新製品の目標原価，既存製品の予算原価ないし標準原価を，発生する場所別，責任者別に割り当て，それらの発生額を一定の幅のなかに収まるように，伝統的な標準原価管理および予算管理によって管理すること」[1]をいう。

　原価維持の目的は，原価計画を通じて設定された基準となる原価（目標原価や予算原価，標準原価）を達成し，その状態を保つことで実際の原価の発生を一

定に維持することにある。それゆえ，原価維持は，コスト・コントロールに位置づけられる。

　原価維持では，製品の製造段階で，実際の原価を基準となる原価に一致させるよう業務プロセスを是正する活動が行われる。そしてその際には，標準原価管理や予算管理，IEなど（第8章参照）の手法が用いられる。

　しかし，現代の生産環境においては，コスト・コントロールとしての原価維持を行うだけでは不十分である。たとえば，競合他社との競争により，製品の品質や機能を高めても，価格は短期間で下落していく傾向にあり，それに合わせてコスト・ダウンを行っていく必要がある。このような状況の変化に迅速に適応するため，現代の原価管理では，コスト・マネジメントないしは戦略的コスト・マネジメントが主流となっている。

（5）コスト・マネジメントと原価改善

　コスト・マネジメントは，利益管理の一環として，製品を製造するための生産諸条件を改善することにより，利益計画で設定された目標利益の達成を目指して計画的に基準となる原価それ自体の引下げ（原価低減）を図り，加えて，引き下げられた基準に一致するように実際の原価の発生を抑えていく原価管理活動である。現代の原価管理おいて，これは原価改善によって行われる。

　原価改善は，1961年にトヨタ自動車でトヨタ生産方式を基盤として確立された原価管理活動である。原価改善とは，中（長）期利益計画ないしは短期利益計画で設定された目標利益を実現するために，原価の目標改善額を設定し，これを全社の各部門に割り当て，現場の小集団活動などによる徹底的なムダ・ムリ・ムラの排除を通じた継続的改善とそれによる原価低減を推し進め，原価の目標改善額ひいては目標利益を達成する活動をいう。

　原価改善の目的は，**原価低減**にある。原価低減とは，現行の基準となる原価を，利益計画で設定された目標利益の達成に向けて継続的に見直し，それによって原価の発生額を不断に引き下げることをいう。それゆえ，原価改善は，コスト・マネジメントに位置づけられる。

この原価低減を実現するために，原価改善では，**継続的改善**が行われる。継続的改善では，目標利益を達成するために必要な原価の目標改善額を設定し，製品の製造段階において，原価の実際改善額が目標改善額を達成するように，現場の小集団活動により業務プロセスに潜むムダ・ムリ・ムラを徹底的に排除しながら継続的に改善することによって，実際の原価を現行の基準となる原価よりも引き下げていく原価低減活動が行われる。そしてその際には，改善原価計算や改善予算，VA（価値分析）などの手法が用いられる。

（6） 戦略的コスト・マネジメントと原価企画

戦略的コスト・マネジメントは，コスト・マネジメントの内容に加えて，原価計画を経営戦略（とりわけ競争戦略を中心とする事業戦略）とより密接に結びつけ，中（長）期の戦略的な利益管理の一環として，製品を製造するための生産諸条件を，基本的な経営構造（事業内容，経営立地，生産設備，経営組織など）も含めて変革することにより，基準となる原価それ自体の大幅な引き下げとそれによる目標利益の達成を戦略的に図っていく原価管理活動である。現代の原価管理おいて，これは原価企画によって行われる。

原価企画は，1950年代末から1960年代にかけてトヨタ自動車で開発され，わが国の加工組立型産業を中心に発展してきた原価管理活動である。原価企画とは，中（長）期利益計画で設定された製品ないし製品群別の目標利益を実現するために，目標原価を経済性ないしは採算性を示す尺度として設定し，これを機能別，構造（仕組品や部品など）別，原価要素別，および開発設計担当（グループないし個人）別に割り当て，製品開発プロセスと同時並行的に部門・組織横断的な活動による総合的な原価低減を展開して，目標原価ひいては目標利益を達成する活動をいう。

原価企画の目的は，**源流管理**にある。源流管理とは，競合他社に対する持続的な競争優位を確立するために，製品の企画・開発・設計段階において，顧客ニーズを満たすのに必要な品質・コスト・納期（QCD）などの目標を同時に実現するとともに，原価計画において，多くの原価が実際に発生する製造段階前

に，原価の発生原因と変動要因（これらはコスト・ドライバーと呼ばれる）を管理することで原価の発生を未然に防止し，目標利益の達成を実現可能とする原価を事前に保証することをいう。それゆえ，原価企画は，戦略的コスト・マネジメントの1つとして位置づけられる。

　原価企画において源流管理が目的とされる理由は，工場の自動化が進展した現代の生産環境においては，原価の80〜90％が製造段階前までに決まってしまうからである（図表9－2参照）。ましてや原価改善が進んでいれば，製造段階における原価低減の余地はほとんどない。したがって，生産プロセスの源流にできるだけ遡って原価の発生原因と変動要因を管理することが，より効果的で大幅な原価低減の実現につながるのである。

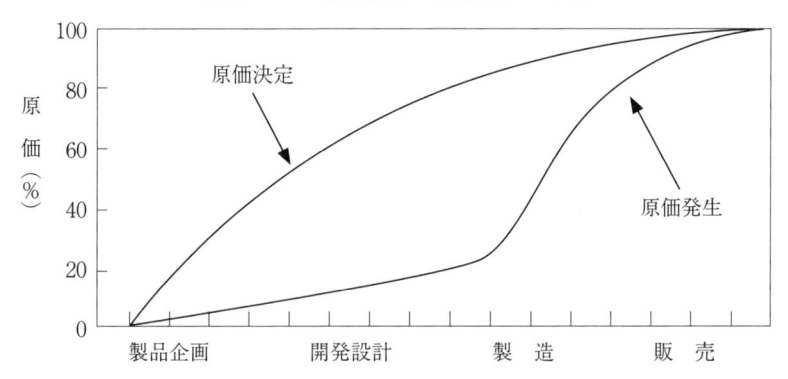

図表9－2　原価決定と原価発生との関係

(CAM-I/CMS, *Cost Management for Today's Advanced Manufacturing System*, Arlington, Texas: CAM-I/CMS, 1991, p.140.)

　この源流管理を実現するために，原価企画では，**原価の作り込み**が行われる。原価のつくり込みでは，製品の企画・開発・設計段階において，将来実際に発生するであろうと予測される見積原価を，経済性ないし採算性の尺度である目標原価の水準にまで引き下げていく反復的な原価低減活動が行われる。そこでは，顧客ニーズに適合する製品のQCDなどの諸目標や目標利益を同時に

達成することを目指して，部門・組織横断的なチーム体制により，製品自体や製造工程を不断に改善・変革していく活動が展開される。そしてその際には，目標原価計算やVE（価値工学）などの手法が用いられる。

（7） 原価企画・原価維持・原価改善の相互関係

上述の原価企画・原価維持・原価改善は，個々別々に行われるものではなく，それぞれが結びついて一連の総合的な原価管理のシステムを形成している。その基本的な相互関係は，図表9－3のように示すことができる。

まず，製品の企画・開発・設計段階において，原価企画が行われる。原価企画では，目標利益の確保を実現可能とする目標原価を目指して，原価の計画値（予定発生額）のつくり込みを行う。原価の計画値が目標原価を達成した場合，これを基準として，製造段階への移行当初（量産開始後3ケ月程度）において原価維持が行われる。原価維持では，原価の実績値（実際発生額）が計画値を上回らないように，標準原価管理や予算管理により原価の発生をコントロールし，計画値の水準に原価の実績値を維持する。そして，製造段階（本格的な量産段階）において，原価改善が行われる。原価改善では，目標利益を確保す

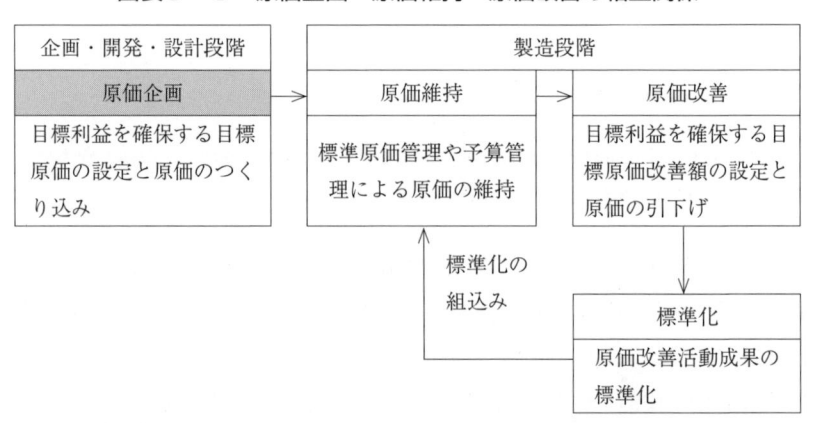

図表9－3　原価企画・原価維持・原価改善の相互関係

企画・開発・設計段階	製造段階	
原価企画	原価維持	原価改善
目標利益を確保する目標原価の設定と原価のつくり込み	標準原価管理や予算管理による原価の維持	目標利益を確保する目標原価改善額の設定と原価の引下げ

標準化の組込み ← 標準化：原価改善活動成果の標準化

（岡本清著『原価計算（六訂版）』国元書房，2000年，857ページの図を一部修正。）

るための原価の目標改善額を目指して業務プロセスを継続的に改善し，原価維持により計画値の水準に維持されている原価の実績値をさらに引き下げる。最後に，標準化が行われる。標準化では，原価改善によって得られた成果（改善された業務プロセスとその結果引き下げられた原価の実績値）を標準化し，原価維持における新たな基準として組み込んでいく。

2．コスト・マネジメントと戦略的コスト・マネジメントのための原価概念

（1） コスト・マネジメントのための原価概念

コスト・マネジメントである原価改善のための原価概念としては，目標原価改善額と実際原価改善額が用いられる。これらは，現行製品の原価標準を引き下げる原価低減において用いられる原価概念であり，「原価標準の改定によって節減される原価」[2] である。したがって，どちらも改善額としての差額を意味するものであり，原価改善では，計画値の差額と実際値の差額とが比較検討されることになる。

① 目標原価改善額

目標原価改善額とは，目標利益を実現するために，目標利益と見積利益との間の乖離をなくすべく目標とされた製品別または期別・部門別の原価低減額をいい，原価改善目標額とも呼ばれる。目標原価改善額は，原価改善において，主に既存製品の原価標準の低減度合いを測定・評価する尺度として用いられる。

② 実際原価改善額

実際原価改善額とは，目標利益を実現するために，目標利益と見積利益との間の乖離をなくすべく実際に引き下げられた製品別または期別・部門別の原価低減額をいい，原価改善実績または合理化額とも呼ばれる。実際原価改善額は，原価改善において，主に既存製品の原価標準の低減状況ないしは目標原価改善額の達成状況，ひいては利益の改善状況を示す程度として用いられる。

（2） 戦略的コスト・マネジメントのための原価概念

戦略的コスト・マネジメントである原価企画のための原価概念としては，目標原価と見積原価が用いられる。これらは，新製品開発時の原価計画において用いられる原価概念であり，製品を製造する前にあらかじめ計算される予定原価である。また，理想的にはライフサイクル・コストとされる。どちらも原価の計画値であり，原価企画では計画値と計画値とが比較検討されることになる。

① 目標原価

目標原価とは，目標利益を実現するために，全力を傾けて挑戦し必達すべき目標とする新製品単位当たりの原価をいい，原価企画の核となる原価概念である。目標原価は，原価企画において，新製品の経済性ないしは採算性を測定・評価する尺度として用いられる。そのような目標原価には，大別して許容原価と積上原価がある。

1）許容原価

許容原価とは，目標利益達成の観点からその製品にかけることが許される最大限の原価をいい，顧客が受け入れるであろうと見込まれる予定販売価格から，中（長）期利益計画で設定された目標利益を差し引いて算定される。このとき，予定販売価格と目標利益は，製品市場環境の調査・分析にもとづいて導出される。そのため，許容原価には，より良いものをより安く手に入れたいと望む顧客と，より多くの利益を獲得したいと望むトップ・マネジメントの双方の意向が反映されることになる。したがって，厳格度の観点において，許容原価は通常，達成が非常に困難な水準の原価となる。

2）積上原価

積上原価とは，開発設計担当者が，現状の技術水準や生産設備，納期などを考慮した達成可能性にもとづいて，原材料や部品から仕組品や半製品，さらに製品へと原価を積上式に計算した見積原価をいう。積上原価は，開発設計担当者が，既存製品や類似製品などの実際原価を参考にしながら，それに新たな機能などを追加することで発生する原価を見積り，そこから不要な機能などの削

減や新たな技術・工法などの採用により原価低減可能な見積額を差し引いて算定されることから，**成行原価**とも呼ばれる。そのため，積上原価には，自らの達成目標をあえて厳しくしたくはないと望む開発設計担当者の意向が反映されることになる。したがって，厳格度の観点では，積上原価は通常，達成がそれほど困難ではない水準の原価となる。

② 見 積 原 価

見積原価とは，将来実際に発生するであろうと予測される原価を，何らかの根拠（たとえば，自社や他社における過去および現在の原価実績データ，数理的な計算式，経験則）にもとづき，技術水準の動向や生産設備，納期などを考慮することによって割り出した原価をいう。したがって，これは，標準原価に比べて科学性・客観性・規範性に欠けるが，製品1単位を製造するのに必要な原価をまったくの勘によって計算する伝統的な見積原価とは異なる原価概念である。そのような見積原価は，原価企画において，原価低減活動による新製品の経済性ないしは採算性の達成状況を示す程度として用いられる。

③ ライフサイクル・コスト

ライフサイクル・コスト（LCC）とは，製品の企画から廃棄に至る製品ライフサイクル全体にわたって発生するコストをいう。それは，企業内部の製品企画，開発設計，製造，販売，物流などといった一連の業務プロセスで発生するコストだけでなく，顧客に販売した後に企業外部で発生する使用コスト，保守コスト，廃棄・処分コスト，さらには環境コストなども含む広範な原価概念である。そのようなライフサイクル・コストは，原価企画において，最終的に管理対象とすべき理想的な原価とされる。

3．コスト・マネジメントのための原価計算

（1） 改善原価計算の意義

改善原価計算とは，一般に，原価改善の別名（kaizen costing）をいう。このことは，原価管理活動である原価改善と原価計算である改善原価計算とが渾然

一体となっていることを示している。

　原価改善には，大別して2つのものがある。1つは期別・部門別の原価改善であり，もう1つはプロジェクト別・製品別の原価改善である[3]。

　期別・部門別原価改善は，短期利益計画における目標利益を達成するために，予算管理の一環として，毎期継続して各部門に指示される原価改善であり，原価維持を内包し一体となって行われる。他方，**プロジェクト別・製品別原価改善**は，特定製品を対象として，特別なプロジェクト・チームを編成して行われる原価改善であり，原価企画のフォローアップ（補足）として行われる。後者のプロジェクト別・製品別原価改善は，製造段階における原価企画とも呼べるものである。原価企画については後述するため，ここでは期別・部門別原価改善について取り上げる。

　期別・部門別原価改善の手続は，①目標原価改善額の設定，②目標原価改善額の割当，③現場における改善活動（目標原価改善額の達成活動），④実際原価改善額の計算，⑤原価改善差異の測定（目標原価改善額と実際原価改善額の差額の計算），⑥原価改善差異の部門別・費目別分析，⑦経営管理者への報告という段階からなり，図表9－4のようなPDCAサイクルに従って進められる。この手

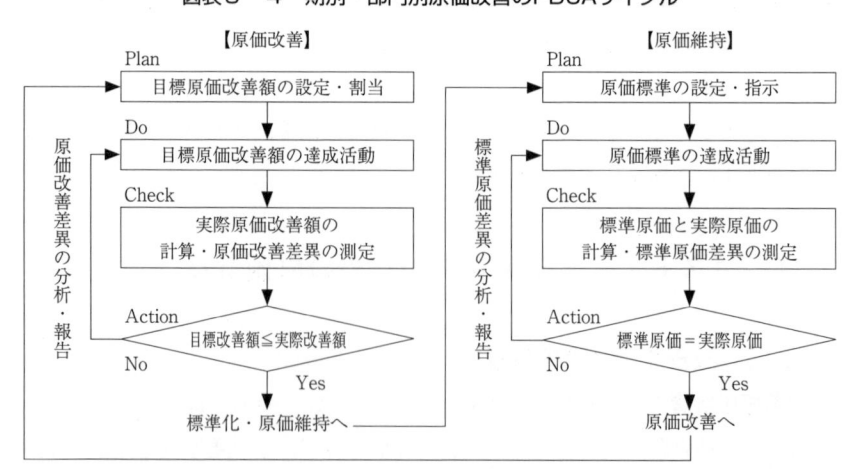

図表9－4　期別・部門別原価改善のPDCAサイクル

続のうち，改善原価計算の手続は，③現場における改善活動（目標原価改善額の達成活動）を除く，すべての段階に相当する。

（2） 目標原価改善額の設定と割当
① 目標利益改善額の設定と割当

　目標原価改善額の設定にあたっては，まず，目標利益改善額を決定することが必要である。**目標利益改善額**は，当期の目標利益と見積利益との差額から計算する。目標利益は，短期利益計画における目標売上高と目標売上高利益率から算定し，また，見積利益は，予定生産量（生産計画）にもとづいて見積もった見積費用総額を，目標売上高から差し引くことによって算定する。このとき，見積費用総額のうち，固定費の見積額（固定費予算）については，機能別の会議体において決定し，変動費の見積額（変動費予算）については，予定生産量に現行（前期末）の原価標準を乗じて，機能別，部門（工程）別，費目別に積上方式で見積もる。ここで，現行の原価標準とは，前期の原価改善活動によって引き下げられ標準化された前期末の製品単位当たり実際原価である。

　　目標利益改善額＝目標利益－見積利益
　　　※目標利益＝目標売上高×目標売上高利益率
　　　※見積利益＝目標売上高－見積費用総額
　　　※見積費用総額＝固定費見積額＋変動費見積額
　　　※変動費見積額＝予定生産量×（物量の標準×価格の標準）

　目標利益改善額は，主に売上高の増加と短期的に管理可能な変動費の低減によって達成を目指すことになる。そこで，目標利益改善額は，目標売上高改善額や目標原価改善額として，まず機能別に，販売部門，製造部門，本社の管理部門などに割り当てる。

② 目標原価改善総額の設定と割当

　製造部門における原価改善では，長期的には変動製造原価と固定製造原価の双方の原価低減が必要となる。しかし，短期的には主として変動製造原価，とりわけ直接材料費と直接労務費の原価低減が中心となる。したがって，期別・

部門別の原価改善において，製造部門に割り当てる目標原価改善額は，変動製造原価の目標低減額とし，全工場について達成が期待される**目標原価改善総額（改善予算）**として設定する。

　目標原価改善総額は，予定生産量に製品単位あたりの標準変動製造原価を乗じ，それに目標利益と見積利益との乖離を解消するために必要とされる目標原価低減率を乗じて計算する。このとき，製品単位あたり標準変動製造原価と目標原価低減率は，費目別に設定されているため，より具体的には，目標原価改善総額は，費目別に計算した標準変動製造原価に費目別の目標原価低減率を乗じて費目別の目標原価低減額を計算し，それらを合計して算定する。

目標原価改善総額＝予定生産量×製品単位当たり標準変動製造原価
　　　　　　　　×目標原価低減率
　　　　　　＝製品の費目別目標原価低減額の合計

　設定された目標原価改善総額は，現場における具体的な改善活動を動機づけ引き出すために，過去の改善実績や将来の改善可能性などを考慮して政策的に各工程へと配分し，さらに管理可能費の割合などによって各工場→各部→各課→各係→各組へと配分して割り当てる。これによって，目標原価改善額が製造部門の隅々にまで展開され設定されることになる。

（3）　実際原価改善額の計算

　製造部門の現場では，ムダ・ムリ・ムラを徹底的に排除するために，VA（価値分析）やトヨタ生産方式，TQC（総合的品質管理）などを通じて，現行の生産諸条件の変更を伴う原価改善の施策や手段の探索と決定を行い，それらの改善策を実施する。

　VAとは，VEと同義とされるが，厳密には2nd Look VEと呼ばれる製造段階におけるVEである。**VE**（価値工学）とは，より顧客価値の高い製品やサービスを生み出すために，顧客が必要とする機能を最小のライフサイクル・コストで確実に達成できる方法を組織的に探究するための創造的方法をいう。VEの目的は，顧客にとっての価値（顧客価値）の改善ないし創造にある。顧客価値

は，顧客に提供される製品やサービスが顧客にとって実用的・魅力的・経済的であるような機能をより多く有することによって向上する。そこでVEでは，一般に顧客価値（value）を機能（function）に対する原価（cost）の整合性として捉え，これを次のような比率で示す。そして，機能向上と原価低減の組み合わせによって，顧客価値の向上を図る。

$$顧客価値（V）＝\frac{機能（F）}{原価（C）}$$

顧客価値の向上策としては，基本的に，①原価低減（機能一定／原価低減），②機能向上（機能向上／原価一定），③原価増加以上の機能向上（機能向上／原価増加），および④機能向上と原価低減の併用（機能向上／原価低減）の４つがある。VAでは，このうちの①原価低減を中心に改善策が講じられ実施される。

このような製造現場における改善活動は，製品単位当たり材料消費量の節減や標準作業の改善などといったように，ほとんどが非財務的な側面（数量や時間などの物量）での改善となる。そこで，経理部門の原価管理室などが，月ごとに，改善策の実施により改善された物量に材料や労働力などの実際の単価を乗じて，当月実際生産量における当月実際変動製造原価を計算する。そして，当月の**実際原価改善額**は，当月実際生産量に現行（当月）の原価標準を乗じて計算した当月標準変動製造原価から当月実際変動製造原価を差し引いて算定する。なお，ここでの現行の原価標準とは，前月の原価改善活動によって引き下げられ標準化された前月末の製品単位当たり実際原価である。原価改善の結果は，現場の管理者や従業員に月ごとに公表しフィードバックする。そうすることで，さらなる改善意欲が喚起されることになる。

　　当月実際原価改善額＝当月標準変動製造原価－当月実際変動製造原価
　　　　※当月標準変動製造原価
　　　　　　＝当月実際生産量×当月の原価標準（前月末の製品単位当たり実際変動製造原価）
　　　　※当月実際変動製造原価

　　　　＝当月実際生産量×当月の製品単位当たり実際変動製造原価（＝改
　　　　　善された物量×実際の単価）

（4） 原価改善差異の測定と分析

　実際原価改善額が計算されると，目標原価改善額との比較が可能となる。この原価改善額の比較によって，基準値を示す目標原価改善額と実際値を示す実際原価改善額との間に差異が判明し，**原価改善差異**の発生が認識される。このとき，原価改善差異の金額は，当月実際原価改善額から当月目標原価改善額を差し引いて計算し測定する。そうすることで，目標原価改善額よりも実際原価改善額が大きい場合に，原価改善差異が有利差異を示すことになる。

　ただし，このようにして測定される原価改善差異には，操業度差異が含まれている。それは，当月実際原価改善額が実際生産量にもとづいて計算されるのに対して，目標原価改善額は予定生産量にもとづいて設定されているためである。通常，予定生産量と実際生産量は異なるため，これを調整した当月実際原価改善額によって，原価改善差異を把握しなければならない。そこで，予定生産量に対する当月実際原価改善額を計算し，これを調整済み当月実際原価改善額として用いる。なお，簡便法として，製品単位当たりの実際原価改善額に当月予定生産量を乗じると，容易に調整済み当月実際原価改善額を計算することができる（図表9－5参照）。

　　原価改善差異＝調整済み当月実際原価改善額－当月目標原価改善額
　　　　※調整済み当月実際原価改善額
　　　　　　＝当月予定生産量に対する当月実際原価改善額
　　　　　　＝当月実際生産量における当月実際原価改善額×
　　　　　　　$\dfrac{当月予定生産量（＝当期予定生産量÷12ヶ月）}{当月実際生産量}$
　　　　　　＝製品単位当たり実際原価改善額×当月予定生産量【簡便法】

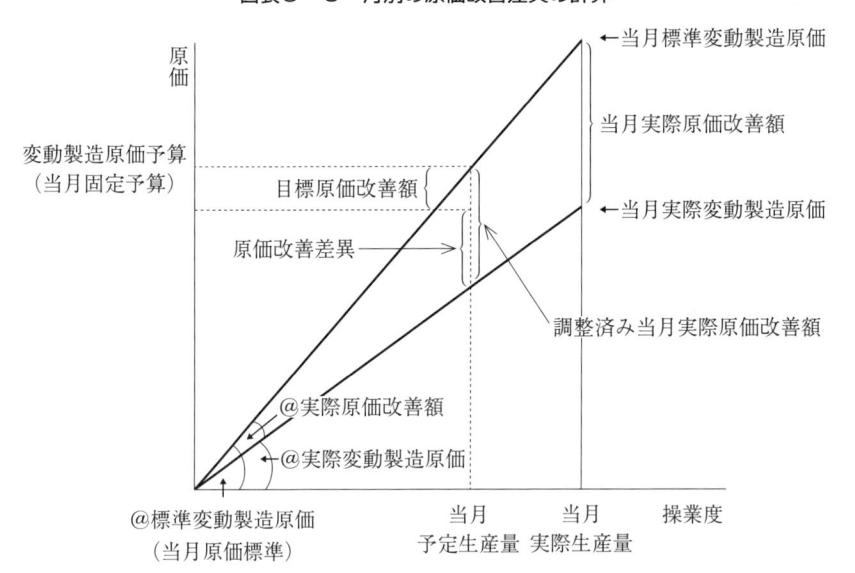

第9章 原価管理―コスト・マネジメント―のための原価計算　145

図表9－5　月別の原価改善差異の計算

```
原価
変動製造原価予算（当月固定予算）
目標原価改善額
原価改善差異
                            ← 当月標準変動製造原価
                            当月実際原価改善額
                            ← 当月実際変動製造原価
                            調整済み当月実際原価改善額

@実際原価改善額
@実際変動製造原価
@標準変動製造原価（当月原価標準）
当月予定生産量　当月実際生産量　　操業度
```

（門田安弘編著『管理会計レクチャー〔基礎編〕』税務経理協会，2008年，235ページの図より作成。）

　原価改善差異情報は，業務活動に対して改善措置を講じるために活用される。しかし，原価改善差異には，目標原価改善額が設定された変動製造原価を構成する各原価要素について発生したあらゆる差異が含まれているため，そのままでは原価改善差異が発生した原因を突き止めることができない。原価改善差異の発生原因を明らかにするためには，さらに変動製造原価を構成する費目別に分析する必要がある。

（5）　経営管理者への報告

　目標原価改善額，実際原価改善額，原価改善差異などの原価改善情報は，図表9－6のような**月別原価改善実績表**により，月ごとに経営管理者に報告する。経営管理者は，提供された費目別の原価差異情報のうち，不利差異（▲印

の箇所）からムダ・ムリ・ムラの原因を推定し，改善措置を講じる。また，半年ごとに有利差異（＋印の箇所）を評価し，その結果を各部門の報酬（ボーナス）に反映させる方法を取り入れると，従業員の改善意欲を高めることに繋がる。

図表9－6　月別原価改善実績表

		当月（×1年／10月）			×1年／4～10月累計		
		目標	実績	差異	目標	実績	差異
A工場	直接労務費	40	35	▲5	160	165	＋5
	間接労務費	0	▲5	▲5	0	▲35	▲35
	材料費	15	25	＋10	60	75	＋15
	エネルギー費	10	15	＋5	40	50	＋10
	輸送費	5	5	0	20	35	＋15
	計	70	75	＋5	280	290	＋10
B工場	直接労務費	20	25	＋5	80	75	▲5
	間接労務費	0	5	＋5	0	10	＋10
	材料費	10	5	▲5	40	25	▲15
	エネルギー費	5	0	▲5	20	15	▲5
	輸送費	5	2	▲3	20	15	▲5
	計	40	37	▲3	160	140	▲20

〔以下　省略〕

＊目標，実績ともに原価低減額を表す。▲は損または未達を示す。
　（門田安弘編著『管理会計レクチャー〔基礎編〕』税務経理協会，2008年，236ページの図を一部修正。）

【問題9－1】
　ムーンマーク・ホームアプライアンス株式会社は，これまで標準原価管理を行っており，原価維持についてはすでに体制が整っていた。そこで，まずは製品価格の下落傾向に対処するために，コンサルティング会社の担当者の指導のもと，1ヶ月間，現行の原価標準を引き下げるべく原価改善に取り組んだ。
　次の資料にもとづいて，下の各問いに答えなさい。
＜資料＞
 1．短期利益計画に関するデータ
　　売　上　高　　54,000百万円
　　変　動　費　　　？百万円
　　　　　　　　　　（うち販売費及び一般管理費9,300百万円）
　　固　定　費　　9,700百万円
　　　　　　　　　　（うち販売費及び一般管理費　2,200百万円）
　　営　業　利　益　　？百万円　（目標売上高営業利益率5％）
 2．現行の原価標準に関するデータ（変動製造原価のみ）
　　直接材料費　4,000円/kg　×2.5kg　＝10,000円
　　直接労務費　2,000円/時間×0.5時間＝　1,000円
　　製造間接費　3,000円/時間×0.5時間＝　1,500円
 3．生産に関するデータ
　　当期予定生産量　2.7百万台
　　当月実際生産量　25万台
 4．原価低減に関するデータ（製造部門）

	目標原価低減率	当月実際原価低減率
直接材料費	1.5%	1.4%
直接労務費	1.0%	1.3%
製造間接費	4.0%	4.2%

5．当月の実際変動製造原価に関するデータ（製造部門）
　　　直接材料費　　2,465,000万円
　　　直接労務費　　246,750万円
　　　製造間接費　　359,250万円

問1　当期の目標利益改善額を求めなさい。
問2　当期の製造部門の目標原価改善総額を求めなさい。
問3　製造部門（全工場）の原価改善差異を月別原価改善実績表により報告しなさい。

【解答・解説】
問1　当期の目標利益改善額　1,450百万円
① 目標利益の計算
目標売上高54,000百万円×目標売上高営業利益率5％
＝目標売上高営業利益2,700百万円
② 変動費見積額の計算
予定生産量2.7百万台×原価標準12,500円（変動製造原価）＋変動販売費及び一般管理費9,300百万円＝変動費見積額43,050百万円
③ 見積利益の計算
目標売上高54,000百万円－（変動費見積額43,050百万円＋固定費予算9,700百万円＝1,250百万円
④ 目標利益改善額の計算
目標利益2,700百万円－見積利益1,250百万円＝1,450百万円

問2　当期の製造部門の目標原価改善総額　594百万円
① 費目別の当期目標原価低減額の計算
直接材料費：
　予定生産量2.7百万台×直接材料費標準10,000円×目標低減率1.5％

＝405百万円

直接労務費：

　　予定生産量2.7百万台×直接労務費標準1,000円×目標低減率1.0%
　　＝27百万円

製造間接費：

　　予定生産量2.7百万台×直接材料費標準1,500円×目標低減率4.0%
　　＝162百万円

② 目標原価改善総額の計算

　　直接材料費405百万円＋直接労務費27百万円＋製造間接費162百万円
　　＝594百万円

問3　製造部門の月別原価改善実績表

月別原価改善実績表

（単位：百万円）

		当月（×1年／4月）		
		目　標	実　績	差　異
全工場	直接材料費	33.750	31.500	▲2.250
	直接労務費	2.250	2.925	＋0.675
	製造間接費	13.500	14.175	＋0.675
	計	49.500	48.600	▲0.900

（注）目標，実績ともに原価低減額を表す。▲は損または未達を表す。

① 費目別の月別目標原価改善額の計算

直接材料費：

　　当期目標原価改善総額405百万円÷12ヶ月＝33.75百万円

直接労務費：

　　当期目標原価改善総額27百万円÷12ヶ月＝2.25百万円

製造間接費：

　　当期目標原価改善総額162百万円÷12ヶ月＝13.5百万円

合　　　計：

　　　　直接材料費33.75百万円＋直接労務費2.25百万円＋製造間接費13.5百万円
　　　　＝49.5百万円
② 当月実際原価改善額の計算
　　直接材料費：
　　　　当月標準変動製造原価2,500百万円（＝当月実際生産量0.25百万台×直接材料費標準10,000円）－当月実際変動製造原価2,465百万円＝35百万円
　　　　　または
　　　　当月実際生産量0.25百万台×製品単位当たり実際原価改善額140円
　　　　（＝直接材料費標準10,000円×当月実際原価低減率1.4％）＝35百万円
　　直接労務費：
　　　　当月標準変動製造原価250百万円（＝当月実際生産量0.25百万台×直接労務費標準1,000円）－当月実際変動製造原価246.75百万円＝3.25百万円
　　　　　または
　　　　当月実際生産量0.25百万台×製品単位当たり実際原価改善額13円
　　　　（＝直接労務費標準1,000円×当月実際原価低減率1.3％）＝3.25百万円
　　製造間接費：
　　　　当月標準変動製造原価375百万円（＝当月実際生産量0.25百万台×直接材料費標準1,500円）－当月実際変動製造原価359.25百万円＝15.75百万円
　　　　　または
　　　　当月実際生産量0.25百万台×製品単位当たり実際原価改善額63円
　　　　（＝製造間接費標準1,500円×当月実際原価低減率4.2％）＝15.75百万円
② 調整済み当月実際原価改善額の計算
　　直接材料費：
　　　　当月実際原価改善総額35百万円
　　　　　×　$\dfrac{\text{当月予定生産量0.225百万台（＝当期予定生産量2.7百万台÷12ヶ月）}}{\text{当月実際生産量0.25百万台}}$
　　　　＝31.5百万円
　　直接労務費：

当月実際原価改善総額3.25百万円

$$\times \frac{当月予定生産量0.225百万台（＝当期予定生産量2.7百万台÷12ヶ月）}{当月実際生産量0.25百万台}$$

＝2.925百万円

製造間接費：

当月実際原価改善総額15.75百万円

$$\times \frac{当月予定生産量0.225百万台（＝当期予定生産量2.7百万台÷12ヶ月）}{当月実際生産量0.25百万台}$$

＝14.175百万円

合　　計：

直接材料費31.5百万円＋直接労務費2.925百万円＋製造間接費14.175百万円＝48.6百万円

4．戦略的コスト・マネジメントのための原価計算

（1）　目標原価計算の意義

目標原価計算（target costing）とは，原価企画における計算システムの側面をいう[4]。"target costing"は，欧米において原価企画を示す用語として広く用いられているが，その内容は原価企画における目標原価の設定に焦点をあてたものであり，原価企画の原価計算的な側面を意味している。現在，コスト・マネジメントとしての原価企画を示す用語としては，"target cost management"を用いることが多くなってきた。

原価企画には，大別して2つのものがある。1つは**狭義の原価企画**であり，もう1つは**広義の原価企画**である[5]。

原価企画を狭義に捉えると，主に製品開発プロセスの開発設計段階（構想設計段階→基本設計段階→詳細設計段階→製造準備段階）において，目標原価の達成を目指して展開される総合的な原価低減活動を意味する。他方，原価企画を広義に捉えると，狭義の原価企画を内包した上で，さらに製品開発プロセス上流

の製品企画段階と下流の製造初期流動段階へと範囲を拡大し，目標原価の達成を目指した総合的な原価低減活動だけでなく，製品企画段階で検討された開発製品の採算性を製品開発プロセス全体にわたって監視しながら，積極的に目標利益の達成・実現を図る利益管理活動を意味する。それゆえ，広義の原価企画は利益企画とも呼ばれ，利益管理に焦点がある。ここでは原価管理に焦点をあてた狭義の原価企画について取り上げる。

　狭義の原価企画では，競合他社に対する競争優位性を獲得するために，顧客ニーズを満たす性能・品質，価格，日程（納期）などを同時に実現するとともに，理想としては，企業内部の企画，開発，設計，製造，販売，物流などといった一連の業務プロセスで発生するコストだけでなく，顧客に販売した後に企業外部で発生する使用コスト，保守コスト，廃棄・処分コスト，さらには環境コストなども含む製品のライフサイクル・コストを総合的に引き下げることを目指した原価低減活動が実施される。

　そのような**狭義の原価企画の手続**は，①目標原価の設定，②目標原価の細分割付，③目標原価の達成を目指した開発設計活動，④原価見積（見積原価の計算），⑤目標原価差異の測定（目標原価と見積原価との差額の計算），⑥経営管理者への原価報告，⑦マイルストーン管理（開発設計方針の決定）という段階からなり，図表9−7のようなPDCAサイクルに従って進められる[6)]。この手続のうち，目標原価計算の手続は，①目標原価の設定と②細分割付，④原価見積と⑤目標原価差異の測定に相当する。

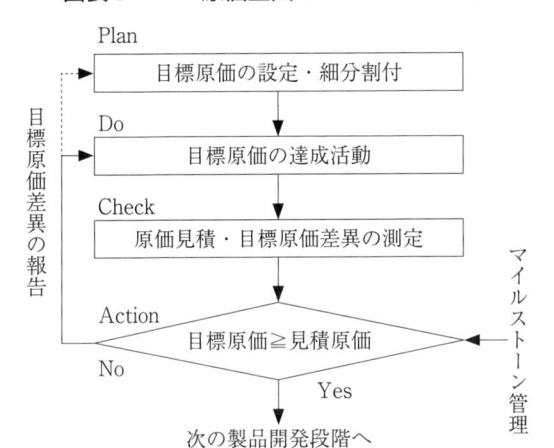

図表9-7 原価企画のPDCAサイクル

```
Plan
  ┌─────────────────────┐
  │ 目標原価の設定・細分割付 │
  └─────────────────────┘
Do
  ┌─────────────────────┐
  │ 目標原価の達成活動     │
  └─────────────────────┘
Check
  ┌─────────────────────┐
  │ 原価見積・目標原価差異の測定 │
  └─────────────────────┘
Action
   ◇ 目標原価≧見積原価 ◇
  No          Yes
              ↓
        次の製品開発段階へ
```

（左側：目標原価差異の報告／右側：マイルストーン管理）

　原価企画は，広狭いずれであっても，製品開発プロセスに並行して実施され，マーケット・イン（市場・顧客）志向により製品市場環境に適応した製品の性能・品質，価格，日程（納期），および原価などの諸目標を設定し，それらの諸目標をコンカレント・エンジニアリングによって同時並行的に達成していく総合的な原価低減活動が展開される。そしてその活動は，プロダクト・マネジャーを中心として，企画，開発，設計，製造，販売，および経理などの企業内部の諸部門から結集したプロジェクト・チーム，さらにはサプライヤーなどの企業外部の関連企業との連携（デザイン・イン）によって，部門間・組織間で職能横断的（クロスファンクショナル）に推進される。

（2）　目標原価の設定と細分割付

　狭義の原価企画では，最初に，製品単位当たりの目標原価ないし原価低減目標を設定して，それを機能別，構造（仕組品や部品など）別，原価要素別，および開発設計担当（グループないし個人）別に分解し割り付ける。

① 目標原価の設定

目標原価の設定では，製品単位当たりの目標原価ないし目標原価低減額を設定する。目標原価の設定方法には，控除法，加算法，折衷法の3つがある。

1）控　除　法

控除法は，許容原価を目標原価として設定する方法である。許容原価は，次式により計算する。

　　目標原価（許容原価）＝予定販売価格－目標利益
　　　　　　　　　　　　＝予定販売価格×（1－目標利益率）

2）加　算　法

加算法は，積上原価を目標原価として設定する方法である。積上原価は，次式により計算する。

　　目標原価（積上原価）＝既存製品や類似製品などの実際原価＋新機能な
　　　　　　　　　　　　どの見積原価－原価低減可能見積額

3）折　衷　法

折衷法は，トップ・マネジメントによって採算性が考慮された許容原価と，開発設計者によって技術性および達成可能性が考慮された積上原価とをすり合わせて，双方が納得できる目標原価を設定する方法である。

折衷法の狙いは，目標原価を，厳しくも達成可能な水準の目標とすることにある。したがって，厳格度の観点において，折衷法による目標原価は通常，厳しいが達成可能な水準となる。そのため，折衷法は目標原価の設定方法として最も合理的であるといえる。しかし，許容原価と積上原価のすり合わせを行う際には，目標原価の達成水準をできる限り客観的に決定し，目標利益の実現のためにも，トップ・マネジメントと開発設計者との間に軋轢（コンフリクト）を生じないよう配慮する必要がある。

② 目標原価の細分割付

製品別の目標原価を算定し設定したら，当該目標原価の達成活動を具体的なものとするために，それを製品のさまざまな構成要素ごとに分解し，製品の細部あるいは製品開発チームの末端にまで展開する必要がある。この手続を**目標**

原価の細分割付という。

　目標原価の細分割付では，製品別の目標原価を，機能別，構造（仕組品や部品など）別，原価要素別，または開発設計担当（グループないし個人）別などに分け，それぞれの目標原価を設定していく。このように目標原価を細分割付することで，製品開発チームのメンバーが原価低減の実施方法や問題解決方法を細部にわたって検討したり，目標原価の達成活動の方向性や進捗状況を確認したりすることができるようになる。なお，目標原価の細分割付に際しては，QFD（quality function deployment：品質機能展開）における「コスト展開」という方法が適用できる。

（3）　目標原価の達成活動

　機能別や構造別などに目標原価が設定されたならば，製品企画段階で決定された製品コンセプトを具体化するために，構想設計段階から詳細設計段階にかけて開発設計担当者による開発設計活動を展開する。このとき，VEなどを用いて，組織的に目標原価の達成を目指した原価低減を図り，同時に製品設計を改善しながら設計代替案を作成する。原価企画におけるVEは，開発設計段階での1st Look VE，さらには製品企画段階での0 Look VEとして行われる。

　製品設計の改善策に関するさまざまなアイディアは，ブレインストーミングなどによって出しあい，顧客価値を向上するような設計代替案の作成を行う。その際によく用いられるアイディアとしては，部品点数の削減，共通部品や標準部品の使用，工数の削減，設計や組立の簡素化，過度の品質や機能の削減などがある。

（4）　原価見積と目標原価差異の測定

　VEを通じて考案された設計代替案については，それを採用した場合に，顧客価値向上の観点から，どれほどの原価低減効果があるかという経済性の評価を行い，その情報を設計代替案の採用可否の意思決定に利用する。このとき，原価見積が主要な役割を果たす。

原価見積とは，開発製品の仕様を実現しようとした場合に，過去に同様の製品を開発したときの経験や知識，そして将来の原価発生に関するさまざまな情報を用いて，それが現時点の物価でどのくらいの原価となるかを計算する原価評価や，その原価が将来どのように変化するかを予測する原価予測を行うことをいう。ただし，通常は，原価評価だけを指して原価見積と呼ぶことが多い。

原価見積には，大別して詳細見積と概算見積がある。**詳細見積**は，主として，細部末端に至るすべての部品原価を原価要素別・工程別に計算して仕組品原価を算出し，これらを積み上げていくことによって半製品や製品の原価を算出するという原価見積方法である。このような詳細見積は，開発設計段階における詳細設計段階や製造準備段階などに適している。詳細見積によると，正確性の高い原価見積ができるが，熟練と手間を要する。

他方，**概算見積**とは，詳細見積以外のその他の見積りをすべて包含した広い概念であり，主として，類似品の正常な原価実績とその設計特性値などとの関係をまとめた算式や図表により，一括して開発製品の原価を算出する原価見積方法である。このような概算見積は，開発設計段階における構想設計段階や基本設計段階などに適している。概算見積によると，熟練や手間を要さないことから，迅速・簡便に原価を見積ることができるが，統計的な手法を用いるため，過去の類似品の正常な原価実績データを数多く必要とする。

この原価見積を一定の正確さで迅速かつ簡便に行うための資料を**コスト・テーブル**という。コスト・テーブルは，データベース，算式，図表など，さまざまな形態を有するが，現在ではその多くがコンピュータ化され，CAD（computer-aided design）システムなどと連動している。

（5） 目標原価差異の報告

原価見積による設計代替案の評価を通じて見積原価が得られたならば，それを目標原価と比較して**目標原価差異**を把握するとともに，開発設計方針を決定する。その際には，次式により**価値指数**を計算し，これを利用するとよい。

$$\text{価値指数} = \frac{\text{目標原価}}{\text{見積原価}}$$

　価値指数が1を大幅に超えていれば，目標原価を達成する上でまだ余裕があり，さらに機能を向上することも可能である。その逆に，価値指数が1を大幅に下回るようであれば，さらなる原価低減が必要となる。いずれにせよ，再設計を必要とする場合には，再びVE活動を展開する。

（6）　マイルストーン管理

　原価企画活動は，組織内の各部門や組織外の関連会社から集められた専門家が連携して行うが，その活動は部門・組織横断的な会議体により運営され管理される。その際の主要な管理手法としては，マイルストーン管理が用いられる。

　マイルストーン管理とは，製品開発プロセスの主要な区切において，製品コンセプトや製品仕様の実現状況，目標原価や目標利益の達成状況，開発日程の遵守状況などを監視する進捗管理活動をいい，製品コンセプトや製品仕様の実現状況を審査するデザイン・レビューや目標原価の達成状況を審査するコスト・レビュー，ならびに目標利益の達成状況を審査するビジネス・レビューなどから構成される。

　マイルストーン管理では，製品のさまざまな属性（性能，機能，品質，原価，納期，信頼性など）から設計（図面，仕様値など）を客観的・総合的な観点から分析・評価し，必要ならば改善点を提案することによって，製品に関する不良（故障，性能，安全性，操作性に関する問題，環境への悪影響など）や開発期間の遅延などを未然に防止するとともに，次の段階に進ませるか否かの確認をする一連の活動が行われる。その際には，為替変動や競合他社の動向などに迅速に対応したり，開発設計担当者による機能の過剰追加を回避したりするために，製品市場環境に関する情報も活用しながら，製品化の可否，設計変更の承認，仕様変更など事業戦略にかかわるさまざまな戦略的意思決定が行われる。

【問題9-2】

　ムーンマーク・ホームアプライアンス株式会社は，原価改善の導入以来，製品価格の下落に対応して，懸命に既存製品の原価低減に努めてきた。しかし，最近では原価低減の成果があまり上がらず，製造現場における改善活動に限界が見え始めた。また，競合他社から発売された新製品により，当社製品の販売数量が急激に落ち込んできている。このままでは，競合他社との競争に負けてしまうことは明らかである。

　既存製品の原価改善だけでは限界があることを感じた当社の経営陣は，中期経営計画を策定し，新製品の開発を決定した。そして，この新製品の開発にあたり，かつてコンサルティング会社の担当者から説明を受けた原価企画を導入することにした。再びコンサルティング会社と契約し，担当者の指導のもと，B氏がプロダクト・マネジャーとして任命された。B氏は関係各部署から代表者を召集し，新製品開発チームが結成された。また，原価企画の推進支援部門として原価企画室が新たに設置された。このようにして開発体制が整えられ，新製品開発がスタートした。

　次の資料にもとづいて，下の各問いに答えなさい。

＜資料＞

1．新製品の開発にあたり，顧客への市場調査や競合他社製品との比較などを通じて製品市場環境が分析され，製品コンセプトとともに，代表型式の製品単位当たりの予定販売価格が15,000円と決定された。なお，中期利益計画において，新製品の目標売上高営業利益率は，既存製品の実績と業界平均とにもとづいて10％と設定されている。

2．製品コンセプトを受けて，開発設計者により新製品1単位当たりの原価が現在の技術水準にもとづいて見積もられた。既存製品の実際原価は12,500円であり，新製品に付加される新機能などにかかわる原価はコスト・テーブルにより7,500円と見積もられた。また，不要な機能や使用

する部品点数の削減，新素材や新技術の採用などをVEにより検討したところ，1,250円の原価低減が可能であることが判明した。
3．量産段階に入ってからの量産効果，工数の削減，原価改善活動や物流費の管理などによって，見積もられた原価からさらに4％の削減が可能であると期待されている。
4．最近発売された競合他社製品の製造原価を分析した結果，14,000円と推定された。そのため原価会議を開いて協議を重ねたところ，競合他社よりも10％減の製造原価を目標とすることで合意に至った。
5．新製品単位当たりの原価を構成する原価要素のうち，製造原価の構成割合は80％である。

問1　許容製造原価を求めなさい。
問2　積上製造原価を求めなさい。
問3　目標製造原価はいくらに設定すればよいか答えなさい。
問4　目標原価設定時点での目標製造原価差異と価値指数を求め，開発方針を示しなさい。

【解答・解説】
問1　許容製造原価10,800円
① 許容原価の計算（控除法）
予定販売価格15,000円 − 目標利益1,500円（＝予定販売価格15,000円×目標売上高営業利益率10％）＝13,500円
　または
予定販売価格15,000円×（1 − 目標売上高営業利益率10％）＝13,500円
② 許容製造原価の計算
許容原価13,500円×製造原価の構成割合80％＝<u>10,800円</u>

問2 積上製造原価14,400円

① 積上原価の計算（加算法）

既存製品の実際原価12,500円＋新機能などの見積原価7,500円－VEによる原価低減見積額1,250円－量産段階における原価低減見積額750円

（＝（12,500円＋7,500円－1,250円）×4％）＝18,000円

② 積上製造原価の計算

目標原価18,000円×製造原価の構成割合80％＝14,400円

問3 目標製造原価12,600円

① 許容製造原価と積上製造原価のすり合わせ（折衷法）

許容製造原価10,800円≦目標原価≦積上製造原価14,400円

② 原価会議において合意された目標製造原価

競合他社製品の製造原価14,000円－戦略的要素1,400円

（＝14,000円×合意目標10％減）＝12,600円

問4 目標原価差異1,800円，価値指数0.875

開発方針「積上製造原価を12.5％引下げ，1,800円の原価低減を達成する。」

① 目標製造原価差異の計算

目標製造原価12,600円－積上製造原価14,400円＝1,800円（不利差異）

② 価値指数

$$\frac{目標製造原価12,600円}{積上製造原価14,400円} = 0.875$$

(注)
1） 岡本清著『原価計算（六訂版）』国元書房，2000年，876ページ。
2） 田中隆雄著『管理会計の知見』森山書店，1997年，234ページ。
3） 門田安弘編著『管理会計レクチャー〔基礎編〕』税務経理協会，2008年，224-227ページ。
4） 岡野浩著『日本的管理会計の展開―「原価企画」への歴史的視座（第2版）』中央経済社，2002年，118-120ページ。
5） 田中雅康著『利益戦略とVE―実践原価企画の進め方』産能大学出版部，2002年，7-8ページ。
6） 加登豊著『原価企画―戦略的コスト・マネジメント』日本経済新聞社，1993年，170ページ。

＜参考文献＞

Ansari, Shahid L., Jan E. Bell and the CAM-I Target Cost Core Group, *Target Costing: The Next Frontier in Strategic cost Management*, Chicago: Irwin Professional Pub., 1997.

CAM-I/CMS, *Cost Management for Today's Advanced Manufacturing System*, Arlington, Texas: CAM-I/CMS, 1991.

赤尾洋二『品質展開入門』日科技連出版社　1990年。

浅田孝幸・頼誠・鈴木研一・中川優・佐々木郁子『管理会計・入門〔第3版〕』有斐閣アルマ　2011年。

岡野浩『日本的管理会計の展開―「原価企画」への歴史的視座（第2版）』中央経済社　2002年。

岡本清『原価計算（六訂版）』国元書房　2000年。

加登豊『原価企画―戦略的コスト・マネジメント』日本経済新聞社　1993年。

櫻井通晴編著『管理会計辞典』同文舘　2000年。

角谷光一編著『原価計算用語辞典』同文舘　1997年。

田中隆雄『管理会計の知見』森山書店　1997年。

田中雅康『原価企画の理論と実践』中央経済社　1995。

田中雅康稿「原価維持から原価企画・原価改善の原価管理へ」『企業会計』Vol.50, No.2, 1998年2月，63-72ページ。

田中雅康『利益戦略とVE―実践原価企画の進め方』産能大学出版部　2002年。

中央職業能力開発協会編著『ビジネス・キャリア検定標準テキスト　財務管理　2級

（財務管理・管理会計）』社会保険研究所　2008年。
日本管理会計学会編著『管理会計学大辞典』中央経済社　2000年。
日本管理会計学会原価企画特別委員会編著『原価企画研究の課題』森山書店　1996年。
浜田和樹『管理会計の基礎と応用』中央経済社　2011年。
廣本敏郎『原価計算論（第2版）』中央経済社　2008年。
門田安弘稿「原価改善の意義とシステム」『會計』第143巻第2号，1993年2月，247-259ページ。
門田安弘稿「原価企画・原価改善・原価維持の起源と発展」『企業会計』Vol.45, No.12, 1993年12月，42-46ページ。
門田安弘『価格競争力をつける　原価企画と原価改善の技法』東洋経済新報社　1994年。
門田安弘編著『管理会計レクチャー〔基礎編〕』税務経理協会　2008年。
山田庫平編著『基本原価計算用語辞典』白桃書房　2004年。
山田庫平・吉村聡編著『原価計算の基礎』東京経済情報出版　2008年。

第10章

直接原価計算による貢献利益の測定
―不況期のための原価計算―

> 原価計算相談室に，既存の企業カーズストッキング株式会社からの相談があった。その内容は，流行の変化により，既存の製品が売れなくなった。しかしながら，当該企業は，旧タイプの製品の市場占有率が高く膨大な設備投資を行っていた。そのため新製品製造設備への投資が困難な状況にあった。この問題に対処できる新たな指針が無いかという相談だった。室長は，この問題には直接原価計算にもとづいた考え方が有効であると判断し，直接原価計算に詳しい担当者を派遣した。

1．直接原価計算の意義

直接原価計算とは，生産量に比例して変動する原価，すなわち変動費だけで製品の計算する方法である。固定費は製造原価としてではなく，期間原価としてとらえられる。したがって，機械減価償却費，建物・機会保険料，工場固定資産税などの原価は精算に関係ないという観点により，製品原価から排除される。

2．変動費と固定費の分解

カーズストッキング株式会社から派遣された担当者は，直接原価計算を行うにあたり，工場で発生する原価を**変動費**と**固定費**に分解しなければならな

かった。変動費と固定費の分解方法には，大きく分けて(1)過去の実績にもとづく方法と(2)過去の実績にもとづかない方法がある。

（1） 過去の実績にもとづく方法

① **費目別精査法**……過去この経験にもとづいて，各勘定科目ごとに費目を精査して変動費と固定費に分類する。

② **高低点法**……数量的分解方法の１つであり，過去の各費目の最高の時と最低の時の実績データから原価の推移を直線と仮定し，以下の算式で変動比率と固定費を計算する。

$$変動比率 = \frac{最高時原価額 - 最低時原価額}{最高時操業度 - 再提示操業度}$$

固定費＝最低（最高）時原価額－変動比率×最低（最高）時操業度

最高時と最低時の数値は異常値である可能性が高いので，二番目に高い数値と二番目に低い数値を用いる方がよいとする説もある。

③ **スキャッター・チャート法**……過去の実績原価データをグラフに記入し，それらの真ん中を通る原価直線を目分量で引く。

④ **最小自乗法**……偏差の二乗の合計が最小になるように，以下の算式（２つで一組の連立方程式）でパラメーターの値（平均線）を求める方法であり，この方法を利用した分析を回帰分析法という。

$\Sigma y = nF + v \Sigma x$

$\Sigma xy = F \Sigma x + v \Sigma x 2$

　　x：操業度（生産量），y：製造原価，F：固定費額，v：変動率，nサンプル数

（2） 過去の実績にもとづかない方法

IE法（industrial-engineering method）……製造工程は一定の原材料，労務費，機械設備を投入することにより，一定量の製品が産出されるように設計されている。これらの投入量と産出量との技術的な関係にもとづき，発生すべき原価

を予測する。

> カーズンストッキング株式会社は，模様の入っていないオーソドックスなストッキングを製造していた。近年，レース模様の入ったデザイン的なソックスに消費者の流行が変化したため，膨大な損失を計上した。この企業は，事業から撤退して巨額の損失を被るか，古いタイプのストッキングを続け状況の変化に望みをかけるか，またレースのストッキングに投資を行うのと同時に販売可能な価格で旧タイプのストキングを販売するかのいずれかを選択しなければならなかった。

派遣された担当者は，直接原価計算にもとづいた分析を行うため，各部門および作業ごとの固定原価の分解を行わなければならなかった。担当者は，カーズンストッキング株式会社の製造工程を把握するため，変動費と固定費に分解する方法として費目別精査法を採用した。特に機械の減価償却費について，作業内容も含め工場責任者にその内容について詳しく聞いた。この分解作業の中で，新製品と旧製品で共通する工程および作業，また同時に共通に利用できる設備があることを見いだした。このことから，新製品のため，全て一からの投資が必要なのではなく，旧製品のための設備を利用して新製品を製造できることが明らかとなった。この発見により，新製品のための投資予算額を大幅に縮小することができた。そして，レース模様の新製品への投資が可能となった。

変動費と固定費に分解する作業により，作業内容を新たに見直し日常的に繰り返してきた作業を客観視できるようになった効果が見られた。費目別精査法は，改めて作業工程を見直す機会を得ることができる。原価の内容を見直すことは，作業内容の見直しに通じる。原価管理は，まさに作業管理につながる。

次の問題は，どのような製品構成によって製造するかになる。この問題を解決するためには，直接原価計算にもとづいた損益計算書によるシュミレーションが必要となる。変動費と固定費に分解した資料にもとづいて損益計算書を作成する。

3. 直接原価計算にもとづいた損益計算書

全部原価計算にもとづいた損益計算書と直接原価計算にもとづいた損益計算書を示す。

図表10-1

損　益　計　算　書
(全部原価計算)

Ⅰ	売　上　高		×××
Ⅱ	売　上　原　価 (変動, 固定)		
	期首製品棚卸高	×××	
	当期製品製造原価	×××	
	合　　計	×××	
	期末製品棚卸高	×××	×××
	売　上　総　利　益		×××
Ⅲ	販売費および一般管理費		×××
	営　業　利　益		×××

図表10-2

損　益　計　算　書
(直接原価計算)

Ⅰ	売　上　高		×××
Ⅱ	変　動　費		
	期首製品棚卸高 (変動費)	×××	
	当期製品製造原価 (変動費)	×××	
	合　　計	×××	
	期末製品製造原価 (変動費)	×××	×××
	製造マージン		×××
	変動販売費		×××
	貢献利益		×××
Ⅲ	固　定　費		
	(1) 固定製造間接費	×××	
	(2) 固定販売費	×××	
	(3) 固定一般管理費	×××	×××
	営　業　利　益		×××

貢献利益は，売上高から変動費のみを差し引いて計算されるので，売上高に比例して計上される。固定費は一定なので，直接原価計算による営業利益も売上高に比例して計上される。そのため短期の経営意志決定に役立つといわれている。しかし，全部原価計算による損益計算書では，期末仕掛品に固定費が含まれるので生産量の増減により製品1単位当たりの製造原価が変化する。生産量が増えれば製品1単位当たりの製造原価は，減少する。逆に，生産量が減少すれば製品1単位当たりの製造原価は，減少する。そのため，製品在庫の増減により，必ずしも販売量に応じて利益が計上されるとは限らない。大量に売れ残り在庫が生じた場合，製品1単位当たりの製造原価が下がることにより，利益が計上される事態が生じる。利益が計上されていても，このような状況は経営者にとって望ましい状況ではない。

好景気の場合，生産すれば売れるので，効率的に生産することによって製品1単位当たりの原価を下げることが課題となる。しかし，不況期においては，大量に生産しても売れ残りが生じ不良在庫が発生してしまう。このような場合，販売予算にもとづいた計画的な生産が重要な課題となる。このような時期，売上高に比例した，販売を重視した直接原価計算によって計算される利益概念，貢献利益が重要な指針となる。

4．直接原価計算を利用した分析

カーズン株式会社の製造工程を分析した結果，約半分の固定設備が共通して利用できることが判明した。図表10-3，図表10-4，図表10-5は，レース模様の新しいストッキングと旧タイプのストッキングとの異なったセールスミックスでの損益計算書の例を示している。

これらの損益計算書では，それぞれ売上高から変動原価を差し引いて貢献利益を算出する。ここで各製品ごとの売上高と変動原価を示し，各製品ごとの貢献利益および貢献利益率を計算している。次いで，貢献利益から部門個別固定原価を差し引いて部門貢献利益を算出。さらに，部門別貢献利益の合計額から

共通固定費を差し引いて営業利益、営業利益率を算出している。

　生産の能力は一定のため、販売量は変わらない。また、既存の設備を利用するため、共通固定費に増減はない。しかし、レースの新しいストッキングを生産するためには新たな投資を行わなければならない。新製品の生産規模を大きくすれば機械等を購入したり新しい監督者の給料などが必要となり、新製品を生産する部門固定費は増加する。新製品の生産量が増えるに従って、部門個別固定費が70,000,000円（図表10－3）から105,000,000円（図表10－4），140,000,000円（図表10－5）へと増加している。

　販売面に目を向けてみる。旧タイプのストッキングは、単価も安く1ダース当たり740円。新しいレースのストッキングは、1ダース当たり800円で販売することができる。したがって、新しいレースの商品を多く販売すれば、売上高も1,510,000,000円（図表10－3）から1,540,000,000円（図表10－4）さらに1,570,000,000円（図表10－5）と増加する。また、新商品は貢献利益率も高いことから、売上げに占める割合が増加すれば獲得する貢献利益の金額も800,000,000円（図表10－3）から840,000,000円（図表10－4），880,000,000円（図表10－5）と増加する。つまり、旧タイプのストッキングを生産する割合を減少させていけば営業利益が増加していく。

　その結果、旧タイプのストッキングの生産を全て中止すればより多くの営業利益を獲得できるのではないかという新たな疑問が生じる。この疑問に答えるため、旧製品の生産を全て取りやめた場合営業利益の金額がどのようになるか、シミュレーションを図表10－6の損益計算書において行う。

　図表10－6の例から、新しいレースのストッキングの収益性がいくら高くても、旧タイプのストッキングの生産を中止することが必ずしも企業利益獲得につながらない。それは、過去に投資がなされた機械の減価償却等の部門個別固定費の存在があるからである。これらの固定費は、旧タイプのストッキングの生産を中止した場合においても、220,000,000円もの金額が発生する。この原価は、旧タイプのストッキングの生産量に全く影響を受けない原価である。このような原価を、**埋没原価**という。このような原価を少しでも回収することが、

企業の利益獲得に貢献する。220,000,000円もの固定費を上回る利益をもたらす新たな投資先が見つかるまで，旧タイプのストッキングを生産することによって少しでも固定費を回収することが賢明な選択といえる。このような既存の生産能力を有効利用するための有用な情報が，直接原価計算にもとづいた貢献利益により得ることができる。

　カーズンストッキング株式会社に派遣された担当者は，直接原価計算による情報をもとに，旧タイプの製品の製造を続けることにより220,000,000円もの固定費が全くの損失となるのを防ぎ，新しいレースのストッキング生産への投資を可能にした。このことによりカーズンストッキング株式会社は，流行に取り残され企業規模の縮小・倒産の危機から脱出できた。

　また，製品1単位当たりの貢献利益が計上される限り，固定費の回収に貢献するので，製品の価格の下限を知ることができる。旧タイプの製品が不人気により売価が下がり始めたとき，部門固定費を全く回収できなくなる貢献利益ゼロの変動費と同額の740円までは生産が可能であることが分かる。

図表10-3

損益計算書

	合計	レースストッキング	旧製品
販売量	2,000,000ダース	500,000ダース	1,500,000ダース
売上高	1,510,000,000円	400,000,000円	1,110,000,000円
ダース当たり	755.00円	800.00円	740.00円
直接原価	695,000,000	170,000,000	540,000,000
ダース当たり	347.50円	340.00円	360.00円
貢献利益	815,000,000	230,000,000	570,000,000
ダース当たり	407.50円	460.00円	380.00円
部門固定原価	290,000,000	70,000,000	220,000,000
部門貢献利益	525,000,000	160,000,000	350,000,000
ダース当たり	255.00円	320.00円	233.33円
共通固定費	450,000,000		
営業利益	60,000,000円		
営業利益率	3.97%		

図表10-4

損益計算書

	合計	レースストッキング	旧製品
販売量	2,000,000ダース	1,000,000ダース	1,000,000ダース
売上高	1,540,000,000円	800,000,000円	740,000,000円
ダース当たり	770.00円	800.00円	740.00円
直接原価	690,000,000	340,000,000	350,000,000
ダース当たり	345.00円	340.00円	360.00円
貢献利益	840,000,000	460,000,000	380,000,000
ダース当たり	425.00円	460.00円	380.00円
部門固定原価	325,000,000	105,000,000	220,000,000
部門貢献利益	515,000,000	355,000,000	160,000,000
ダース当たり	257.50円	355.00円	160.00円
共通固定費	450,000,000		
営業利益	65,000,000円		
営業利益率	4.22%		

第10章　直接原価計算による貢献利益の測定　171

図表10-5

損 益 計 算 書

		レースストッキング	旧製品
販売量	2,000,000ダース	1,500,000ダース	500,000ダース
売上高	1,570,000000円	1,200,000,000円	370,000,000円
ダース当たり	785.00円	800.00円	740.00円
直接原価	690,000,000	510,000,000	180,000,000
ダース当たり	345.00円	340.00円	360.00円
貢献利益	880,000,000	690,000,000	190,000,000
ダース当たり	2,250円	460.00円	380.00円
部門固定原価	360,000,000	140,000,000	220,000,000
部門貢献利益	520,000,000	550,000,000	△30,000,000
ダース当たり	260.00円	366.66円	△60円
共通固定費	450,000,000		
営業利益	70,000,000円		
営業利益率	4.46％		

図表10-6

損 益 計 算 書

		レースストッキング	旧製品
販売量	2,000,000ダース	2,000,000ダース	0ダース
売上高	1,600,000,000円	1,600,000,000円	0円
ダース当たり	800.00円	800.00円	0円
直接原価	680,000,000	680,000,000	0
ダース当たり	340.00円	340.00円	0円
貢献利益	920,000,000	920,000,000	0
ダース当たり	460円	460.00円	0円
部門固定原価	430,000,000	210,000,000	220,000,000
部門貢献利益	490,000,000	710,000,000	△220,000,000
ダース当たり	245.00円	355.00円	
共通固定費	450,000,000		
営業利益	40,000,000円		
営業利益率	2.50％		

5．直接原価計算の特徴

　直接原価計算は，固定費を製品原価に加えないことから固定費を無視した原価計算であるとする主張も見られる。この主張は，明らかに誤りである。貢献利益とは，固定費を回収したうえで，企業利益の獲得に貢献する程度を示す。直接原価計算では固定費を期間費用として区分表示することによって，固定費を抜き出して管理することを目的としている。したがって直接原価計算は，売上高が減少したときの固定費の企業利益に対する影響を意識した経営者の意図を反映している。また，在庫をゼロとしたシミュレーションが多く見られることから，在庫を無視した計算方法という批判も見られる。しかし，在庫がゼロであれば計算される利益額は全部原価計算による結果と全く同じになるため，的を外れた批判である。

　直接原価計算による情報は，大きく分けて設備の有効利用と価格決定に有用な情報を提供する。前者の設備の利用に関しては，限られた経営資源をより収益性の高い製品の生産に向けるための判断材料となる。価格に関しては，最終的には全ての原価の回収がなされなければならない。しかし，競争や流行の変化により企業の望む価格が維持できない場合，貢献利益が計上される限りは少しでも固定費が回収できるので，貢献利益がゼロの売価が受諾できる価格の下限となる。

　経営に有用の情報を提示する直接原価計算にも限界は存在する。その主要な問題が，固定費と変動費の分解である。原価には，固定費と変動費に分解できない，準固定費や準変動費なども存在する。先に述べたように，その分解方法にはさまざまな方法があるが，勘定科目精査法が多くの企業に採用されている。この方法を用いることによって，必ずしも正確とはいえないが，同時に生産状況の分析も可能となる。対象となる企業の生産状況を知るうえでも望ましい方法と考える。

　また，日本においては，直接原価計算によって作成された財務諸表は外部報

告用には認められていない。外部報告用には，全部原価計算にもとづいてこれを作成し直さなければならない。

【問題10－1】

下記の資料にもとづいて，全部原価計算による損益計算書と直接原価計算による損益計算書をそれぞれ作成しなさい。

<販売資料>
月初製品棚卸高	0kg	当月生産量	2,400kg
当月販売量	1,800kg	月末製品棚卸高	600kg
販売価格	製品1kg当たり 2,400円		

<原価資料>
変動費	製品1kg当たり 360円	固定費	1,800,000円
変動販売費	製品1kg当たり 120円	固定販売費	720,000円
固定一般管理費	1,200,000円		

【解答・解説】

全部原価計算による損益計算書のもととなる計算

売上高 = 2,400円 × 1,800kg = 4,320,000円

当期製品製造原価 =（360円 + 1,800,000円 ÷ 2,400kg）× 2,400kg
　　　　　　　　= 2,664,000円

期末製品棚卸高 =（360円 + 1,800,000円 ÷ 2,400kg）× 600kg = 666,000円

販売費および一般管理費 =（120円 × 1,800kg）+ 720,000円 + 1,200,000円
　　　　　　　　　　　= 2,136,000円

損 益 計 算 書

売 上 高		4,320,000円
売 上 原 価		
月初製品棚卸高	0円	
当月製品製造原価	2,664,000	
合　　計	2,664,000	
月末製品棚卸高	666,000	1,998,000
売上総利益		2,322,000
販売費および一般管理費		2,136,000
営業利益		186,000円

直接原価計算による損益計算書のもととなる計算

売上高 = 2,400円 × 1,800kg = 4,320,000円

当月製品製造原価 = 360円 × 2,400kg = 864,000円

月末製品棚卸高 = 360円 × 600kg = 216,000円

変動販売費 = 120円 × 1,800kg = 216,000円

固定販売および一般管理費 = 720,000円 + 1,200,000円 = 1,920,000円

損 益 計 算 書

売 上 高		4,320,000円
売 上 原 価		
月初製品棚卸高	0円	
当月製品製造原価	864,000円	
合　　計	864,000	
月末製品棚卸高	216,000	648,000
製造マージン		3,672,000
変動販売費		216,000
貢献利益		3,456,000
固　定　費		
固定製造原価	1,800,000	
固定販売費	720,000	
固定一般管理費	1,200,000	3,720,000
営業利益		△264,000円

第11章

目標利益を達成するための計算

　フォークユーロ社は，特定の製品を製造・販売する小規模メーカーである。昨年度までは地元の会計事務所に帳簿記入等の会計業務を委託していたが，今年度から自社で行うこととなった。このことで，フォークユーロ社の社長T氏は，コンサルティング会社と日常の会計業務に加え，利益計画についても相談したところ，同社の担当者は，フォークユーロ社の短期の利益計画は同社の経営計画を受けて策定することになるが，そのさい，予定されている販売価格，生産量・販売量，原価のもとで利益がどのようになるかを理解しておくことは重要であることを指摘し，その有用なツールとしての損益分岐点図表と損益分岐点分析の基礎概念について説明してくれた。

1．損益分岐点分析の基礎

　利益計画は企業の経営政策を会計的に具体化することである。これは**目標利益**を設定することから始まる。目標利益を設定する方法には，利益額を用いるものと利益率を用いるものがあるが，目標利益の指標としては，経営効率あるいは投資効率の観点から，総資本利益率が望ましいといわれている。いずれにしても，目標利益の設定においては，自社の製品をとりまく社会的・経済的な条件を考慮しなければならない。

　この利益計画のプロセスのなかで，損益分岐点図表や損益分岐点分析は，自

社の現状分析にもとづき，計画の実現可能性を事前に検討する有用なツールであり，計画上の諸問題を容易に把握することができる。たとえば，目標営業利益1億円を獲得するためにはどれくらいの生産量・販売量が必要なのか，売上高が総原価と一致する生産量・販売量はどれくらいか，売上高30億円を達成したときの営業利益はいくらになるのか，原材料費が30％高騰し，商品の販売価格が10％上昇したときに営業利益はどのように変化するのか等々，経営者はこれらのツールを用いて，原価と営業量と利益の関係を検討し，目標営業利益に相当する目標生産量・販売量を決定することができるのである。さらには，その目標生産量・販売量が実現可能なものかどうかを判断する材料となる。たとえば，経済的条件等の変化が原因で，目標とする生産量・販売量が実現できないとき，あるいは，それに見合う生産能力を有していないとき，目標営業利益は再び検討されることとなる。

2．損益分岐点分析の前提

　損益分岐点分析は，原価と営業量と利益の関係を検討し，企業の経営政策を会計的に具体化するさいの有用なツールとなるが，これには，次のような前提があることを理解しておく必要がある。しかし，これは「利益構造の概観を与えるために利用されるのであり，これらは，むしろ問題状況を単純化してくれる有用な仮定である」[1]と考えるべきである。

① 原価は固定費と変動費に分類することができる。
② 固定費は常に一定である。
③ 変動費は営業量の増減に比例する。
④ 販売価格は営業量の増減に影響を受けない。
⑤ 製品の構成は一定である。
⑥ 物価は一定である。
⑦ 期首および期末における在庫数量は一定である。

3．損益分岐点図表

損益分岐点図表とは，原価・営業量・利益の関係を，図表を利用した分析により視覚化し，その内容を可能な限り簡潔かつ明瞭に把握することのできるツールである。

損益分岐点図表（図表11−1）は，横軸に営業量を，縦軸に原価・売上高・利益をとる。まず，右上がりの直線を引き，売上高線とする。次に変動費線を引き，売上高線と変動費線の差を**限界利益**として示す。そして変動費線と平行に固定費を示す線（固定費線）を引く。この線は総原価線を示すこととなる。売上高線と総原価線の差は営業利益を表すことになるが，これは限界利益から固定費を差し引いたものに等しくなる。

【問題11−1】
フォークユーロ社では，コンサルティング会社の担当者による指導のもと，損益分岐点図表を作成してみることにした。次の資料にもとづいて，製品フレッシュWの損益分岐点図表を作成しなさい。

＜資料＞
品　　　名：フレッシュW
生産量・販売量：100個
製品1個当たり変動費：800円
固　定　費：96,000円
販売単価：2,000円

【解答・解説】
製品1個当たり限界利益　1,200円（＝2,000円−800円）
売上高　200,000円（＝2,000円×100個）
総原価　176,000円（800円×100個＋96,000円）

営業利益¥24,000（=¥200,000-¥176,000）

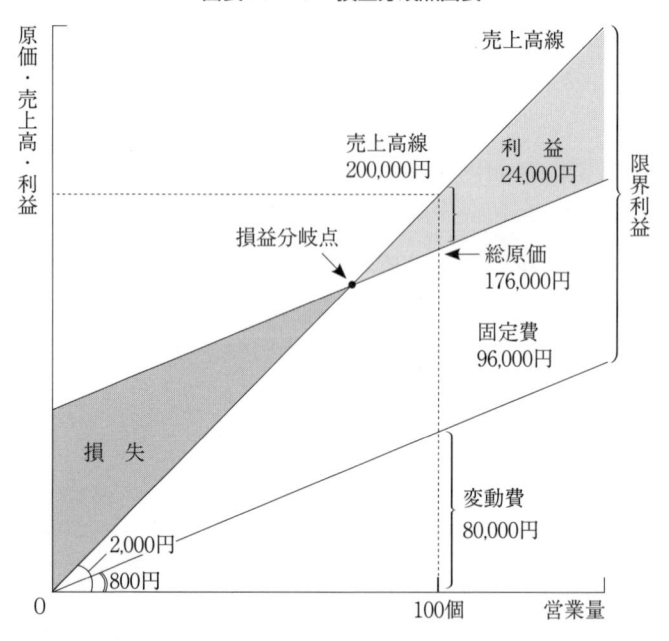

図表11-1　損益分岐点図表

縦軸：原価・売上高・利益
横軸：営業量

売上高線
利　益　24,000円
売上高線　200,000円
損益分岐点
総原価　176,000円
固定費　96,000円
損　失
変動費　80,000円
2,000円
800円
0
100個
限界利益

　ところで，売上高と総原価が一致し，営業利益も営業損失も生じない，あるいは総原価がすべて回収される点を**損益分岐点**という。売上高が損益分岐点を上回っていれば，営業利益を獲得していることがわかる。かりに損益分岐点を上回っていた売上高が損益分岐点に接近し始めると，それは営業利益の減少，いいかえれば収益性の悪化を示すことになる。売上高が損益分岐点を下回ってしまうと，営業損失が生じてしまうことになる。

　さて，損益分岐点分析の前提の1つ，原価は固定費と変動費に分類することができるのであれば，営業利益は（販売価格×営業量）-（変動費率×営業量）-固定費と表すことができる。損益分岐点売上高は（販売価格×営業量）を売上高とおき，これを書き換え，解いていくと，損益分岐点売上高は固定費を限

界利益率で除したものに等しくなる。また，損益分岐点営業量は，(販売価格×営業量)−(変動費率×営業量)−固定費の式を営業量について解いていくと，固定費を製品1個当たり限界利益で除したものに等しくなる。

【問題11−2】
フォークユーロ社の製品フレッシュWの損益分岐点図表にもとづき，損益分岐点売上高と損益分岐点営業量を算出しなさい。

【解答・解説】
　　損益分岐点売上高：160,000円
　　　　　　　　　　＝固定費÷限界利益率＝96,000円÷0.6
　　損益分岐点営業量：80個
　　　　　　　　　　＝固定費÷製品1個当たり限界利益
　　　　　　　　　　＝96,000円÷1,200円

4．損益分岐点分析

損益分岐点分析では，過去の原価，営業量，利益に関連するさまざまな比率や算式を用いることによって，一定の諸関係を析出し，現状の把握を行う。そしてその一定の諸関係から，販売価格，営業量（生産量・販売量など），原価（固定費・変動費）の変化が営業利益にどのような影響を与えるのか，収益性の分析や業績評価の基礎資料となる。

たとえば，損益分岐点分析の前提の一つ，原価は固定費と変動費に分類することができるのであれば，(販売価格×営業量)−(変動費率×営業量)−固定費＝目標営業利益と表すことができる。これを書き換えたうえで，解いていくと，目標利益達成点売上高は固定費に目標営業利益を加え，これを限界利益率で除したものに等しくなる。また，目標利益達成点営業量は，固定費に目標営業利益を加え，これを製品1個当たり限界利益で除したものに等しくなる。

【問題11－3】

フォークユーロ社の製品フレッシュWがもたらす利益は24,000円であったが，事前に60,000円の営業利益を目標値と設定するのであれば，そのときの売上高と営業量はどうなるか。

【解答・解説】

目標利益達成点売上高：260,000円

$$= （固定費＋目標利益）÷限界利益率$$
$$= （96,000円＋60,000円）÷0.6$$

目標利益達成点営業量：130個

$$= （固定費＋目標利益）÷製品1個当たり限界利益$$
$$= （96,000円＋60,000円）÷1,200円$$

【問題11－4】

フォークユーロ社の製品フレッシュWがもたらす利益は24,000円であったが，製品1個当たり販売価格を10％引き上げた場合の営業利益を算出しなさい。ただし，他の条件は変化しないものとする。

【解答・解説】

$$営業利益＝（2,000円×1.1－800円）×100個－96,000円$$
$$＝44,000円$$

営業利益は（販売価格－製品1個当たり変動費）×営業量－固定費と表すことができるので，この場合は販売価格に1.1を乗じることで算出することができる。

【問題11−5】

フォークユーロ社の製品フレッシュWがもたらす利益は24,000円であったが，営業量を10%増加させた場合の営業利益を算出しなさい。ただし，他の条件は変化しないものとする。

【解答・解説】

営業利益＝（2,000円−800円）×100個×1.1−96,000円
　　　　＝36,000円

営業利益は（販売価格−製品1個当たり変動費）×営業量−固定費と表すことができるので，この場合は販売量に1.1を乗じることで算出することができる。

【問題11−6】

フォークユーロ社の製品フレッシュWがもたらす利益は24,000円であったが，製品1個当たり変動費を10%増加させた場合の営業利益を算出しなさい。ただし，他の条件は変化しないものとする。

【解答・解説】

営業利益＝（2,000円−800円×1.1）×100個−96,000円
　　　　＝16,000円

営業利益は（販売価格−製品1個当たり変動費）×営業量−固定費と表すことができるので，この場合は製品1個当たり変動費に1.1を乗じることで算出することができる。

【問題11－7】
　フォークユーロ社の製品フレッシュWがもたらす利益は24,000円であったが，固定費を10％増加させた場合の営業利益を算出しなさい。ただし，他の条件は変化しないものとする。

【解答・解説】
　　営業利益＝（2,000円－800円）×100個－96,000円×1.1
　　　　　　＝14,400円
　営業利益は（販売価格－製品1個当たり変動費）×営業量－固定費と表すことができるので，この場合は固定費に1.1を乗じることで算出することができる。

5．原価の固変分解

　前述したように，損益分岐点分析においては，原価は固定費と変動費に分類することを前提としている。この場合の分類は，営業量の変動による影響の有無を基準としており，原価を操業度との関係から固定費と変動費に分解する方法には，費目別精査法，散布図表法，数学的分解法，最小自乗法などがある。

（1）　費目別精査法

　費目別精査法は，実査法ともいわれ，原価に関する勘定科目をそれぞれ精査し，固定費に属するものと変動費に属するものとに振り分ける方法である。費目別精査法は，精査に手間がかかる場合もあるが，比較的容易な方法である。しかし原価のなかには，固定費の要素と変動費の要素とをもっているものも多い。そのような場合は，たとえば固定性の強いものは固定費とみなしたり，配分比率を設定し，固定費と変動費に区分したりする。

【問題11-8】
フォークユーロ社の製造原価は次の資料のとおりである。原価を変動費と固定費に分解しなさい。ただし，直接工賃金は時間給制，従業員給料は月給制である。

<資料>

費　　目	金　額（円）
直接工賃金	900,000
従業員給料	75,000
機械減価償却費	275,000
工場消耗品費	500,000
合　　計	1,750,000

【解答・解説】
　資料から，変動費の要素をもつ費目として直接工賃金（時間給制）900,000円と工場消耗品費500,000円があげられる。また，従業員給料（月給制）75,000円と機械減価償却費275,000円が固定費の要素をもつ費目ということになる。

（2）　散布図表法

　散布図表法は，縦軸に原価，横軸に営業量をとり，そこに定期的に原価点を記入し，これらの中心を通るように目分量で線（傾向線）を引く。この線が縦軸と交わる点を固定費とする。そして任意の営業量の原価額を傾向線から判断し，それから固定費額を差し引いて変動費額を求め，これを営業量で除すことで変動費率を算定する。簡便な方法として利用されることが多い。散布図表法は，傾向線を直観的に引くため，線の位置が担当者によって異なることもある。非科学的な方法ではあるが，最小自乗法によって得られる結果と近似することも多いという。

（3）　高低点法

　高低点法は数学的な分解方法である。まず最高の営業量と最低の営業量2つ

の原価額を取り出す。それから両者の差額を2つの営業量の差で除して変動費率を算出し，これに最高点あるいは最低点いずれかの営業量を乗じて変動費額を算定する。そしてこれを営業量の原価額から差し引いて固定費額を算出する。

この方法で営業量の最高点と最低点をとるのは，より平均的な変動費率を得ることができると考えられるからであり，できるかぎり離れた2つの営業量間の原価額を用いることになる。

【問題11−9】
フォークユーロ社の9月から12月までの製造原価は，次の資料のとおりである。高低点法によって原価を変動費と固定費に分解しなさい。

<資料>

月	営業量（個）	製造原価（円）
9	60	6,500,000
10	58	6,300,000
11	55	6,000,000
12	50	5,500,000

【解答・解説】
資料から，最高の営業量は9月の60個であり，最低の営業量は12月である。これら2つの点を結ぶ直線の傾きが変動費率となる。

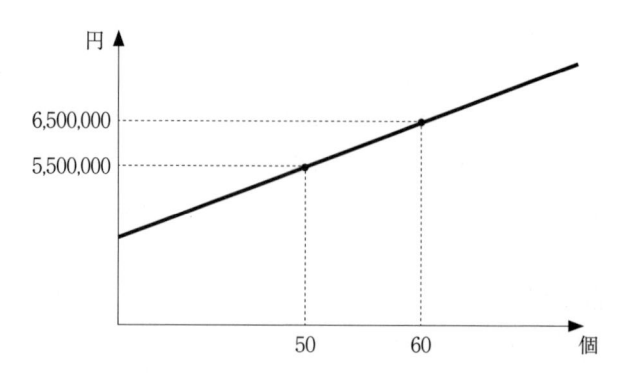

変動費率＝（6,500,000円－5,500,000円）÷（60個－50個）

　　　　＝100,000円/個

固 定 費＝5,500,000円－（100,000円×50個）

　　　　＝500,000円

（4）最小自乗法

最小自乗法は，統計学的方法によって，より正確に平均的な傾向線を求める方法である。それは次の方程式を用いて，固定費額と変動費率を求める。

$$\begin{cases} \Sigma y = b\Sigma x + na \\ \Sigma xy = b\Sigma x^2 + a\Sigma x \end{cases}$$

　　営業量ｘ，原価ｙ，固定費ａ，

　　変動費率（単位当たり変動費）ｂ，サンプル数ｎ

【問題11－10】

フォークユーロ社の１月から４月までの製造原価は，次の資料のとおりである。最小自乗法によって原価を変動費と固定費に分解しなさい。

＜資料＞

月	生産量（個）	製造原価（円）
1	32	3,300,000
2	24	2,100,000
3	16	2,100,000
4	8	900,000

【解答・解説】

まず，与えられた資料から，x^2とxyを算出する。

月	x	y	x^2	xy
1	32	3,300,000	1,024	105,600,000
2	24	2,100,000	576	50,400,000
3	16	2,100,000	256	33,600,000
4	8	900,000	64	7,200,000

次に，x, y, x^2, xyの合計額を算出する。

$\Sigma x = 80$, $\Sigma y = 8,400,000$, $\Sigma x^2 = 1,920$, $\Sigma xy = 196,800,000$

そして，方程式に代入し，aとbについて解く。

$$\begin{cases} 8,400,000 = 80b + 4a \\ 196,800,000 = 1,920b + 80a \end{cases}$$

b = 90,000

a = 300,000

(注)

1) 廣本敏郎『原価計算論』中央経済社，1997年，360ページ。

<参考文献>

村田直樹・高梠真一・浦田隆広編著『管理会計の道標―原価管理会計から現代管理会計へ（改訂増補版）』税務経理協会　2004年。

高梠真一編著『管理会計入門ゼミナール』創成社　2005年。

岡本清『原価計算（六訂版）』国元書房　2000年。

第12章

活動基準原価計算による製品戦略

　AOベーカリーでは，主力製品である「ブイヤベース・パン」の売れ行きが好調であった。また同社は，常日頃から「ブイヤベース・パン」以外の製品の開発にも力を入れており，さまざまな種類の製品を生産・販売していた。

　最近ではAOベーカリーの製品の種類は豊富になり，売上も徐々に増加しているものの，当初，主力製品だけを販売していた頃に比べて，思ったほど利益が増加していないことが判明した。そこで，AOベーカリーでは，今後の競争に生き残るために，どの製品を重点的に生産・販売すればよいのかを検討することにした。そのためには，まず，各製品の原価がどれぐらいであるのかを正確に把握したうえで，どの製品にどれだけの原価をかけるべきか，また原価はどれぐらいでなければならないのかを分析・管理する必要があるだろう。

　なお，AOベーカリーでは，製造間接費の計算を伝統的な原価計算を用いて行っている。しかし，より正確な原価を計算するため，活動基準原価計算（ABC）の導入を検討中である。

1．環境の変化―ABC登場の背景―

　競争が激化している近年では，企業が生き残るためには，生産者中心主義から顧客中心主義への転換が必要とされる。企業は，顧客のニーズに応えながら

効率的に製品を生産・販売していかなくてはならない。そのため,企業の生産方式は大量生産から多品種少量生産へと移行してきた。

　製品を生産する企業の場合,製造段階の加工作業だけではなく,製品の設計や計画,原材料の購入,機械設備のメンテナンス,製品のアフターサービスなどさまざまな活動が行われている。顧客ニーズへの対応に伴い,製品の生産方式が大量生産から多品種少量生産に移ることで,これらの加工作業以外の活動（サポート活動）も増加することになる。サポート活動が増加することで,サポート活動にかかる原価も増加することになり,結果として,製造原価に占める製造間接費の割合が増加するのである。また,技術の発達による工場の自動化は,同一の生産ラインで複数の製品を生産することを可能にした。これも,製造間接費の割合が相対的に高くなった理由の1つである。

　以上のような理由から,企業では,製造間接費をより正確に把握し,管理していくことが必要となったのである。そこで,登場してきた原価計算技法が**活動基準原価計算**（Activity-based Costing：ABC。以下,「ABC」とする）[1]である。

　また,製品の種類が多くなると,どの製品が儲かっているのか,またどの製品を切り離すべきかなどの意思決定を行う製品戦略がより重要となる。しかし製品の種類が増えると,各製品の原価を正確に把握し,それを管理していくことがより一層難しくなるのである。製品の価格設定や製品戦略などの製品にかかわる意思決定に有用な原価情報を提供するのがABCである。

2．伝統的原価計算

（1）伝統的原価計算による製造間接費の配賦

　製品原価を計算するさいは,①費目別計算,②部門別計算,③製品別計算という3つの段階によって行われる（第1章参照）。このさい,問題となるのが製造間接費の配賦である。

　製造直接費は,原価計算対象である製品に対して発生した原価が直接的に認識できるため,発生した原価を各製品に集計することができる（これを賦課ま

たは直課という）。

　それに対して，**製造間接費**は，複数の製品に共通して発生した原価である。そのため，製品にどれだけの原価が発生したのかを認識し，集計するためには，何らかの基準を設けて製造間接費を製品に割り当てなければならない（これを配賦という）。特に，工場の自動化が進み，製造原価における製造間接費の割合が増加した今日では，製造間接費を把握し，それを製品により適切に配賦することが不可欠である。

　製造間接費を製品に配賦する方法としては，直接作業時間や機械作業時間などの操業度に関連した基準を用いて配賦を行う方法（伝統的原価計算と呼ばれる）と，活動に注目して配賦を行う方法（活動基準原価計算：ABC）がある。

　図表12－1は，伝統的原価計算の仕組みを示したものである。直接材料費や直接労務費は，製品に対して発生した原価が直接的に認識できるため，各製品に賦課することができる。しかし，製造間接費については何らかの基準を用いて，各製品に割り当てなければならない。

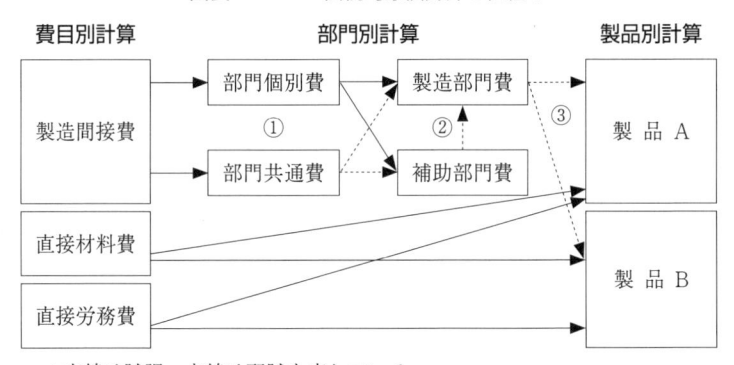

図表12－1　伝統的原価計算の仕組み

＊実線は賦課，点線は配賦を表している。

　製造間接費の計算についてみてみると，伝統的原価計算では，①製造間接費は各部門に集計された後，②補助部門から製造部門に配賦され，③操業度に関連した配賦基準を用いて各製品に配賦される。

① 第1段階：各部門への集計

　第1段階では，製造間接費のうち部門個別費は消費された各部門に賦課されるが，部門共通費は何らかの配賦基準を用いて製造部門と補助部門に配賦される。

② 第2段階：補助部門から製造部門への配賦

　補助部門は直接的に製品の製造にかかわらないため，製品は補助部門を通過しない。そのため，第2段階では，補助部門に配賦された製造間接費は，直接配賦法や相互配賦法，階梯式配賦法によって製造部門に配賦される。

③ 第3段階：各製品への配賦

　第3段階では，製造部門に集計された製造間接費が，操業度に関連した配賦基準によって製品に配賦される。

　以上のように，伝統的原価計算では，生産量や直接作業時間，機械作業時間などといった操業度に関連する配賦基準を用いて，製造間接費は製品に配賦さているのである。

（2） 伝統的原価計算の問題点

　伝統的原価計算では，製造間接費を配賦するさいに操業度に関連した配賦基準を用いている。しかし，通常では，製造間接費は生産量に比例して変動するものではないため，製造間接費を操業度に関連した配賦基準で配賦してしまうと問題が出てきてしまう[2]。たとえば，多品種少量生産の場合，生産ロットサイズが小さく，段取活動や材料の受入活動などの生産支援活動に実際にはコストや手数が多くかかるにもかかわらず，伝統的原価計算によると多品種少量生産品にはあまり間接費が配賦されず，大量生産品には必要以上に過剰な間接費が配賦されてしまうという欠点が生じてしまうのである。このような欠点を極力少なくするために登場したのが，ＡＢＣである。

3．活動基準原価計算（ABC）

（1） ABCとは

　伝統的原価計算では，製造間接費の配賦は，操業度に関連した基準を用いて行われてきた。それに対して，ABCでは各活動に注目し，工場で行われる様々な活動ごとに原価を集計し，原価を製品に跡づける。つまり，ABCでは，「製品が活動を消費し，活動が資源を消費する」[3]という観点で原価を計算しており，原価を活動に割り当て，その活動をもとに製品に原価を割り当てていく。ここでいう活動とは，ある機能を遂行するのに必要となる業務のことである。活動に割り当てられた原価はある行為のために発生した費用であるため，活動原価と比例関係にある配賦基準に結びつけることができる。

　以上のように，ABCでは，製品が多様化するのに伴って増加する製造間接費を，活動に着目した基準によって適切に製品に割り当てることができる。そのため，ABCは，増加してきている製造間接費をより正確に製品に配賦できるという点で期待されている。

（2） ABCの仕組み

　図表12－2は，ABCの仕組みを表したものである。直接材料費や直接労務費は，各製品に賦課することができる。しかし，製造間接費については，ABCでは，①各活動別に原価を集計し，②集計された活動別の原価を各製品に配賦する，という2段階のシステムで製品に割り当てられる。

図表12-2　ABCの仕組み

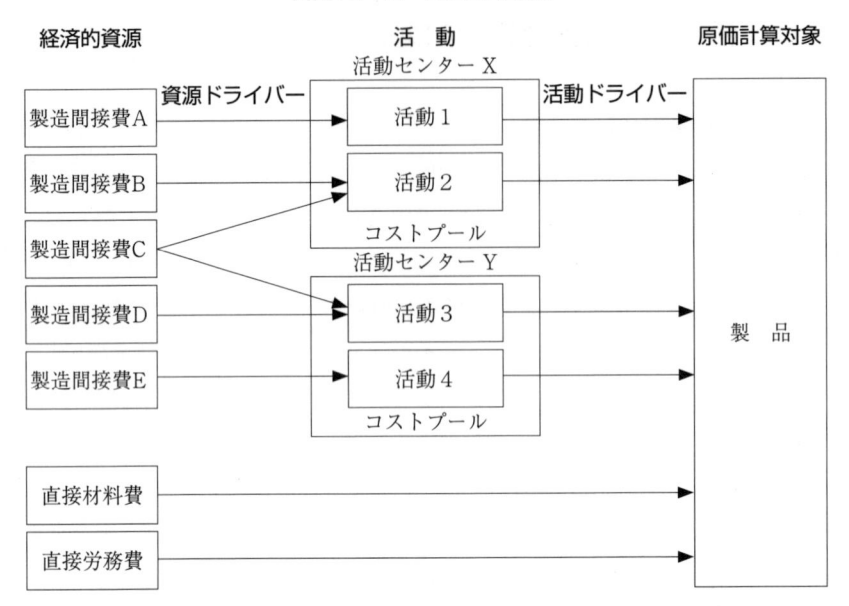

```
経済的資源              活動              原価計算対象
                    活動センターX
                  資源ドライバー   活動ドライバー
 製造間接費A ─────→ ┌─活動1─┐ ─────→ ┐
 製造間接費B ─────→ │ 活動2 │ ─────→ │
 製造間接費C ──┬──→ └─────┘        │
              │    コストプール      │
              │    活動センターY     │
 製造間接費D ─────→ ┌─活動3─┐ ─────→ │ 製 品
 製造間接費E ─────→ │ 活動4 │ ─────→ │
                    └─────┘        │
                    コストプール      │
 直接材料費 ──────────────────────→ │
 直接労務費 ──────────────────────→ ┘
```

（宮本・小菅『管理会計概論』中央経済社，272ページより作成。）

① **第1段階：各活動別に原価を集計する。**

　第1段階では，製造間接費は，その原価を発生させた程度に応じて活動ごとに集計される。このとき，各活動に原価を割り当てる配分基準のことを**資源ドライバー**（資源作用因）といい，各活動がどれだけの資源を消費したかを表している。たとえば，材料の保管活動や出庫活動を行う倉庫係の賃金は，倉庫係がそれらの活動に従事した時間を資源ドライバーとして，各活動に集計されることになる。なお，このとき，集計単位となる活動は**コスト・プール**と呼ばれる。

② **第2段階：各製品別に原価を配賦する。**

　第2段階では，第1段階で集計された活動別原価が，活動が消費された程度に応じて製品ごとに配賦される。このとき，各製品に原価を割り当てる基準のことを**活動ドライバー**（活動作用因）といい，各製品がどれだけの活動を利用

したかを表している。たとえば，材料の運搬活動であれば運搬回数が活動ドライバーとなり，品質管理活動であれば検査回数や検査時間が活動ドライバーとなる。

なお，資源ドライバーと活動ドライバーを総称してコスト・ドライバー（原価作用因）といい，活動量あるいは活動の原価に変化を及ぼす要因を表している。

4．ABCと伝統的原価計算との違い

伝統的原価計算とABCでは，製造間接費の配賦方法に違いがある。では，製造間接費の配賦方法が違うと，どのような問題が出てくるのであろうか。以下では，数値例を用いて，伝統的原価計算とABCによる製品原価の算定の違いについてみていく。

（1）計　算　例

次のデータにもとづいて，以下の設問に答えなさい。なお，当期における在庫はないものとする。

【設問】伝統的原価計算を用いた場合および活動基準原価計算を用いた場合の各製品の製品原価と粗利率を計算しなさい。ただし，伝統的原価計算を用いる場合は，製造間接費の配賦基準として，直接労務費を用いるものとする。

＜資料＞

1．製造間接費の内訳およびコスト・ドライバー

内　訳	金　額	コスト・ドライバー	製品A	製品B
機械関連費	400,000	機械稼働時間	150時間	250時間
段取費	300,000	生産ロット数	2ロット	6ロット
購買費	200,000	材料受入回数	3回	12回
品質検査費	100,000	検査回数	1回	3回
製造間接費計	1,000,000円			

2．製造直接費の内訳

	製品A	製品B
直接材料費	200,000円	50,000円
直接労務費	180,000円	20,000円

3．販売価格（製品1個当たり）と生産数量

	製品A	製品B
販売価格	3,600円	6,000円
生産数量	400個	50個

【解答・解説】

〔伝統的原価計算の場合〕

	製品A	製品B
製造直接費	380,000	70,000
製造間接費	900,000	100,000
製造原価合計	1,280,000円	170,000円
1個当たり製造原価	3,200円	3,400円

　本設問では，伝統的原価計算を用いる場合，製造間接費の配賦基準として直接労務費を用いている。そのため，配賦基準の合計は200,000円（製品Aは180,000円，製品Bは20,000円）として，製造間接費1,000,000円が製品A（配賦額：900,000円）と製品B（配賦額：100,000円）に配賦されることになる。

	製品A	製品B
1個当たり販売価格	3,600円	6,000円
1個当たり製造原価	3,200円	3,400円
粗利益	400円	2,600円
粗利率	約11%	約43%

　製品1個当たりの粗利率をみると，製品Bの粗利率の方が高くなっている。この結果を用いると，製品Aの生産を縮小して，製品Bの生産を拡大するという意思決定を行うであろう。しかし，製造間接費を操業度に関連する配賦基準

で配賦してもよいのだろうか。ABCによって，製造間接費の配賦を活動に着目してより適切に行えば，この意思決定が逆転する可能性がある。

〔活動基準原価計算（ABC）の場合〕

	製品A	製品B
製造直接費	380,000	70,000
機械関連費	150,000	250,000
段取費	75,000	225,000
購買費	40,000	160,000
品質検査費	25,000	75,000
製造間接費	290,000	710,000
製造原価合計	670,000円	780,000円
1個当たり製造原価	1,675円	15,600円

ABCの場合，製造間接費の配賦基準としてコスト・ドライバーを用いる。たとえば，段取費の場合は，生産ロット数が配賦基準として用いられ，配賦基準の合計は8ロット（製品Aは2ロット，製品Bは6ロット）として，段取費300,000円が製品A（配賦額：75,000円）と製品B（配賦額：225,000円）に配賦されることになる。

	製品A	製品B
1個当たり販売価格	3,600円	6,000円
1個当たり製造原価	1,675円	15,600円
粗利益	1,925円	△9,600円
粗利率	約53%	△160%

ABCを用いて製造原価を計算した場合，製品1個当たりの粗利率をみると，製品Aの粗利率の方が高くなっていることがわかる。また，製品Bは製造原価が販売価格を上回っており，赤字製品となっている。この結果にしたがえば，製品Aの生産を拡大するという意思決定を行うだろう。またこれとともに，製品Bの生産を中止するか，もしくは，販売価格の値上げ，製造原価の低減に取りかからなくてはならないだろう。

(2) ABCの意義

　上記の例より，伝統的原価計算を用いた場合では，大量生産品である製品Aに必要以上の製造間接費が配賦されており，少量生産品の製品Bには製造間接費はあまり配賦されていない。通常では，製造間接費は生産量に比例して変動するものではないため，これは，操業度に関連した配賦基準を用いたことによって生じた問題である。

　たとえば，購買費の場合では，製品400個を生産した製品Aの材料受入回数は3回であるのに対して，50個しか生産していない製品Bの材料受入回数は12回にもなっている。また，段取費や品質検査費に関しても同様であり，製品Aよりも製品Bの方がサポート活動が圧倒的に多いのである。つまり，大量生産品であるA製品は同じ仕様で大量に生産できるが，少量生産品の製品Bは製品ごとに仕様が異なり，手間のかかる製品である。この点を考慮して製造間接費の配賦を行わなければ，正確な原価を計算できないのである。

　そこで，各活動に注目し，活動ごとに原価を集計し，原価を製品に跡づけるABCでは，伝統的原価計算によって生じる製造間接費の配賦問題を排除することができ，より正確な原価が計算できるようになる。このように，ABCでは，製品が各活動をどの程度必要とするかを明らかにしてくれるため，もし製品の原価が想定以上に高くなっていれば，企業は原価を低減することになり，原価改善活動が促進されることになる。

　また，ABCによってより正確な原価が計算され，問題が認識されると，製品の統廃合が検討されるなどして，製品構成計画が見直されることになる。このように，ABCによって，より正確な原価情報を得られれば，原価改善活動を促進させるとともに，販売価格の設定，製品戦略などの意思決定に有用な情報を得ることができるのである。

5．活動基準原価管理（ABM）

　ABCは，より正確な原価情報を提供することを目的とする原価計算技法である。そして，ＡＢＣの情報を利用して業務プロセスを分析する手法が，**活動基準原価管理**（Activity-based Management：ABM。以下，「ABM」とする）である。つまり，ABMは，ABCから得られる情報を用いて原価低減やプロセスの改善を図ろうとする経営管理手法である。図表12-3は，ABCとABMの関係を表したものである。

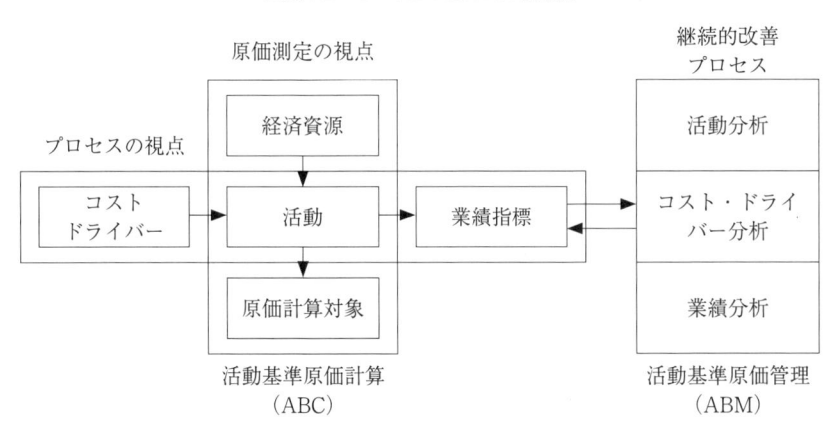

図表12-3　ABCとABMの関係

```
                       原価測定の視点                    継続的改善
                                                       プロセス
                       ┌─────────┐              ┌─────────┐
                       │ 経済資源 │              │ 活動分析 │
  プロセスの視点        └────┬────┘              ├─────────┤
┌──────────┐    ┌────┴────┐   ┌──────────┐   │コスト・ドライ│
│  コスト   │───▶│  活動   │──▶│ 業績指標 │──▶│  バー分析   │
│ ドライバー │    └────┬────┘   └──────────┘   ├─────────┤
└──────────┘         │                         │ 業績分析 │
                 ┌────┴─────┐                  └─────────┘
                 │原価計算対象│
                 └──────────┘
                  活動基準原価計算                  活動基準原価管理
                    （ABC）                          （ABM）
```

（加登豊『インサイト管理会計』中央経済社　2008年　143ページより作成。）

　ABCでは原価測定の視点が重視されるが，ABMではプロセスの視点が重視される。そして，ABMでは，活動分析，コスト・ドライバー分析，業績分析の3つのステップを含んでいる。
　ABCを採用する場合，企業は，活動と製造間接費が発生する因果関係を分析するが，それに必要な情報を得るために活動分析やコスト・ドライバー分析が行われる。活動分析をすることにより，ABMでは，企業もしくは顧客の価

値を高める活動(付加価値活動)と価値を生み出さない活動(非付加価値活動)に区別・認識することができる。それにより,企業は,付加価値活動を継続的に実施するとともに,非付加価値活動を排除することで,経営の効率化を図ることができる。

また,コスト・ドライバー分析では,非付加価値活動に焦点を当て,その原因を明らかにし,有効な対策を講じていく。そして,業績分析では,活動が効率的に実施されているのか,発見された問題点の改善活動が行われているかどうかを何らかの指標を用いて継続的に測定,管理していく。これらにより,不必要な活動などに注意が向けられ,より一層の経営の効率化が図られ,企業価値の創造につながっていくであろう。

6．製造業以外への適用

ABCは,より正確な原価情報を提供することを目的とする原価計算技法であり,製造業において適用される手法であると考えられている。しかし,ABCおよびABMは,製造業だけを対象とするのではなく,サービス業においても有効に機能すると考えられる。ABCでは,原価計算対象を製品だけではなく,サービスや顧客グループなどに設定することが可能である。そのため,各活動に注目し,原価を原価計算対象に割り当てることができるABCは製造業以外の産業においても適しているのである。以下では,ABCとABMの適用が可能な産業の例を紹介する。

① 流通業への適用

物流にはさまざまなコストがかかる。配送にかかる人件費や包装材料費,配送センターの減価償却費,トラックの燃料費は,物流にかかるコストの一例である。これらのコストを正確に把握するのは難しいが,ABCの適用により,活動にかかる原価を算出することができる。それにより,物流にかかるコストを可視化することができ,物流費の低減を図ることにつながる。

② 医療業への適用

　一般的に，病院の原価計算においては，人件費や病院建物の減価償却費など原価全体に占める間接費の割合が多いため，間接費の配賦計算が重要となる。このさいに用いられる手法として，ABCが考えられる。たとえば，病院原価計算では，医事課の診療予約業務にかかる人件費であれば，予約電話の応対という活動に関連づけ，その応対数を配賦基準として人件費を原価計算対象（患者単位や診療科単位など）に配賦することが考えられる。

③ 自治体への適用

　自治体のなかには，悪化した財政状態のもとで，安定したサービスの提供や行政基盤の強化が求められている自治体もある。その中で，コスト削減も１つの方法として取り組まなければならない課題である。なお，自治体では人的なサービスが大部分を占めているため，自治体のサービスのコストに占める人件費の割合も高くなる。自治体におけるＡＢＣ適用の目的は，自治体のサービスのコスト構造を正確に把握し，その上で業務プロセスを改善しようとするものである。

（注）
1 ）　ABCは，1980年代にクーパー（R. Cooper）とキャプラン（R. S. Kaplan）らによって開発された原価計算技法である。
2 ）　浅田・頼・鈴木・中川・佐々木『管理会計・入門（第3版）』有斐閣，2011年，80ページ。
3 ）　櫻井通晴『管理会計（第三版）』同文舘出版，2009年，329ページ。

<参考文献>
浅田孝幸『テキスト原価計算入門』中央経済社　2011年。
浅田孝幸・頼誠・鈴木研一・中川優・佐々木郁子『管理会計・入門』有斐閣　2011年。
上埜進・長坂悦敬・杉山善浩『原価計算の基礎』税務経理協会　2003年。

岡本清『原価計算』国元書房　2005年。
加登豊『インサイト管理会計』中央経済社　2008年。
監査法人トーマツ『原価計算が病院を変える』清文社　2008年。
小林啓孝『エキサイティング管理会計』中央経済社　2008年。
小林啓孝・伊藤嘉博・清水孝・長谷川惠一『スタンダード管理会計』東洋経済新報社　2009年。
櫻井通晴『ABCの基礎とケーススタディ―ABCからバランスト・スコアカードへの展開―』東洋経済新報社　2004年。
櫻井通晴『管理会計』同文舘　2009年。
武脇誠・森口毅彦・青木章通・平井裕久『管理会計』新世社　2008年。
谷武幸『エッセンシャル管理会計』中央経済社　2010年。
辻正雄『ケーススタディ戦略管理会計』中央経済社　2010年。
廣本敏郎『原価計算論』中央経済社　2010年。
宮本寛爾・小菅正伸『管理会計概論』中央経済社　2006年。
山本浩二・小倉昇・尾畑裕・小菅正伸・中村博之『スタンダードテキスト管理会計論』中央経済社　2009年。

第13章

特殊原価調査による経営意思決定

　大湖工業株式会社は，創業以来，PC/AT互換ベースの産業用CPUボードの開発，製造販売を行ってきた。近年，OA用のパソコンもPC/AT互換のものが市場の大半を占めるようになり，産業用の制御用コンピュータにおいても，AT互換（DOS/V，Windowsベース）のシステムが急拡大してきた。同社は，この市場の動きをいち早く察知し，業界に先がけてPCIバスベースの最新，最速のCPU及びI/Oボードを開発，供給を開始することを決定した。そこで，社長のD氏は新たな事業展開にあたり，コンサルティング会社と契約し，さまざまな意思決定に必要な原価データの収集を行うことを決定した。コンサルティング会社の担当者は，大湖工業株式会社が行うべき意思決定に関して，収集したデータを利用し，特殊原価調査をもとに意思決定することが最適であること，さらに意思決定にさいしての特殊原価調査の基礎概念や方法を説明してくれた。

1．特殊原価調査の概要

　生産過程の原価低減を推進するためには，**特殊原価調査**を行うことが有効である。特殊原価調査とは，財務会計機構の範囲外で，随時・断片的に行われる原価計算で，統計的計算ないし調査の特色を持っている。原価計算制度は，財務会計機構の範囲内で，常時・体系的に行われる原価計算で，制度的計算の特色を有している。したがって，原価計算制度とは本質的に違うものである[1]。

2．特殊原価の種類

特殊原価には，以下の9つがある[2]。
① **未来原価**……将来，発生するであろうと予測される原価のこと。
② **付加原価**……実際の現金支出を伴わず，したがって財務会計記録上に現れないが，原価計算上は価値犠牲額として計上される原価のこと。たとえば，自己資本利子，自己所有資産の賃借料，企業家賃金などである。
③ **取替原価**……現在の市場における時価，市場価格のこと。帳簿価額と取り替えて考慮するため，取替原価と呼ばれる。
④ **機会原価**……材料・労働または設備のいずれかの生産手段について，代替的な諸用途のうち1つを取り，他を捨てた結果失われた測定可能な利益（価値犠牲額）のこと。
　　◎たとえば，閉鎖した工場を住宅として提供することによって獲得できる収益を断念し，これを活用せずに放置している場合，その見積利益は機会原価となる。
⑤ **埋没原価**……ある特定の代替案を他の代替案に変更したとしても，全く増減変化しない原価のこと。または，一定の状態においては，回収不能の実際原価のこと。埋没原価は，回収できない原価とする見方と無関連な原価とする見方がある。
　　▼回収できない原価……開発費を投じて採掘した油田が枯渇した場合の開発費の未償却部分や経済的陳腐化によって，工場機械を廃棄する場合の機械設備の未償却部分など
　　▼無関連な原価……機械設備の取替を行う場合，既存の機械設備の償却損。これは，支出済みの原価，つまり過去の原価になり意思決定とは関係ない原価とな

る。ちなみに，無関連な原価とする埋没原価は，意思決定に関して，どの意思決定にも発生するため，差額原価計算をする場合には全ての意思決定で考慮に入れなければならないので，最初から除外する原価となる。

⑥ **差額原価**……ある特定の代替案を他の代替案に変更した場合に発生するであろう総原価の増減分，または各原価要素の変動分のこと。（製造活動が変化する結果生じる総原価の増減額，または特定の原価要素の変動額のこと。）

　◎差額原価は，固定費であるか変動費であるかに関係なく，原価構成要素の増減額として把握される。

　　→＋の場合……**増分原価**　－の場合…**減分原価**

⑦ **回避可能原価**……経営目的の達成上，必ずしも必要としない原価のこと。

⑧ **延期可能原価**……現在の製造活動の能率には，ほとんどまたは全く影響を与えず，将来に延期できる原価のこと。

⑨ **現金支出原価**……経営管理者が行う一定の意思決定から，現金に支出を発生させる原価のこと。

3．特殊原価調査の手順

特殊原価を計算するために，特殊原価調査では次のようなステップをふむ[3]。

　第1ステップ……特殊原価を使って，調査すべき問題点を明確に認識する。
　第2ステップ……その問題を解決するために，採用可能な方法に関係する原価の種類を明確にする。
　第3ステップ……その原価の消費金額（および利益額）を見積もる。
　第4ステップ……各方法に関係する原価額（および利益額）を比較し，原価

の少ない方法（または利益の多い方法）を選出する。

【問題13－1】

大湖工業株式会社は現在，コンピュータの部品の１つであるマザーボードを自製している。現在10,000個のマザーボードを製造する場合の単位当たり製造原価は次のとおりである。

$$
\begin{array}{ll}
\text{直 接 材 料 費} & : 1,000円 \\
\text{直 接 労 務 費} & : 1,500円 \\
\text{変動製造間接費} & : 2,000円 \\
\text{固定製造間接費} & : 2,500円 \\
\text{合　　計} & \underline{7,000円} \\
\end{array}
$$

最近，シンピー社がそのマザーボードを@5,500円で10,000個販売しようと申し出てきた。大湖工業株式会社はもし購入した方が300万円以上安くなるのであれば，購入するつもりである。コンサルティング会社の調査によると，その申し出を受けると１個当たり500円の固定製造間接費を削減でき，また空いた設備を利用して，CPUボードの製造に要する原価の一部を節約できることがわかった。果たしてシンピー社の申し出を受けるべきか？

【解答・解説】

マザーボードを自製した場合と購入した場合の差額原価を求めればよい。

まず，自製した場合にかかるコスト考えてみる場合，「10,000個の部品を製造するときの単位当たりの製造原価」が判明しているので，それを参考に計算を行う。

変動費：@4,500円

固定費：25,000,000円（＝@2,500円×10,000個）

10,000個×@4,500円＋25,000,000円＝70,000,000円

上記の変動費@4,500円は，単位当たりの直接材料費@1,000円・直接労務費@1,500円・変動製造間接費@2,000円を合計すると得られる。

一方，固定費の方は10,000個の部品を製造する場合の単位当たり製造原価が@2,500円なので，両者を掛け合わせて算定すればよい。

次に自製せずに外注する場合のコストは，「シンピー社がその部品を@5,500円で10,000個販売しようと申し出てきた」との条件から，

  10,000個×@5,500円＝55,000,000円

ここで忘れてはいけないのが固定製造間接費である。固定製造間接費は，製品を全く製造しなくとも発生してしまう費用のため，外注した場合でも考慮する必要がある。そこで，外注費55,000,000円に固定製造間接費25,000,000円を加算するのを忘れてはならない。ただし，「その申し込みを受けると1個当たり500円の固定製造間接費を削減できるとのこと」との条件があるため，固定製造間接費25,000,000円のうち，5,000,000円（@500円×10,000個）は削減することが可能となる。

したがって，外注費55,000,000円に追加すべき固定製造間接費の金額は25,000,000円－5,000,000円＝20,000,000円となり，

55,000,000円＋20,000,000円＝75,000,000円が，外注費の総額になる。つまり，外注すると自製した場合よりも5,000,000円ほど多くのコストがかかってしまうことになるため，3,000,000円以上の安くなるという条件を達成するためには，空いた設備をCPUボードの製造に利用することで

3,000,000円－（－5,000,000円）＝8,000,000円以上の節約が必要となる。

したがって，大湖工業株式会社社は，空いた設備を利用することにより800万円以上節約できない限り，シンピー社の申し出を受けるべきではない。

【問題13−2】

　大湖工業株式会社のコンピュータは、分離点までは1つの製造工程で製造され、分離点を過ぎると製品A、B、Cに分かれる連結製品を製造・販売している。製品Aは分離点で販売されているが、製品Bは分離点以降に追加加工をしてから販売されている。一方、製品Cは、分離点で販売することもできるが、分離点以降に追加加工してから販売することも可能である。連結原価は、21,600円。製品Aは、生産量400個、分離点での販売価格@1,000円。製品Bは、生産量250個、最終製品の販売価格@800円。製品Cは、生産量800個、分離点での販売価格@500円、最終製品の販売価格@525円。製品Bの追加加工費は、7,000円、製品Cの追加加工費は、13,000円である。計画企画中の生産量と販売量は同じであり、期首仕掛品および期首製品は存在しない。販売費および一般管理費の追加支出はない。この条件の場合、大湖工業株式会社社は製品Cを追加加工すべきだろうか？

【解答・解説】

　製品Cは、売上高増加額が、(525円−500円)×800個＝20,000円、追加加工費が、13,000円となるので、増分利益は7,000円となる。したがって、追加加工をするべきである。

【問題13－3】

大湖工業株式会社において，部品番号１－５について，製造原価と購買原価を調査したところ，資料のような実態が判明した。また，変動間接費は，部品番号１－５に関して，それぞれ1,500円，600円，600円，600円，300円と判明した。資料によると，全部品を購入すれば21,480円ですみ，全部品を製造する場合よりも8,520円（30,000円－21,480円），得であると考えられる。そこで，差額原価計算を行い，それぞれの部品を製造するか購入するかの意思決定を行うこととなった。部品番号１－５について自製か購買かの意思決定を行いなさい。

<資料>　　　　　　　　　　　　　　　　　　　　　　　（単位：円）

	部品番号	製造原価			購買原価
		a．直接費	b．間接費	合計（a＋b）	
全部原価計算	1	7,500	3,000	10,500	7,200
	2	3,600	2,100	5,700	4,800
	3	2,400	2,100	4,500	3,600
	4	3,000	2,100	5,100	2,880
	5	2,400	1,800	4,200	3,000
	計	18,900	11,100	30,000	21,480

【解答・解説】

部品番号	1	2	3	4	5
意思決定	購買	自製	自製	購買	自製

特定製品に必要な部品を自社生産すべきか，それとも外注すべきかを決定するには，この部品の製造原価と購買原価を比較する必要がある。この場合の製造原価は，製造に必要な直接材料費＋直接労務費＋製造間接費の合計額となる，全部原価計算により計算できる。直接材料費と直接労務費は，製造か購買かによって増減する。しかし，製造間接費のうち変動間接費は，製造か購買かによって増減するが，固定製造間接費（減価償却費や保険料など）は，増減しな

い。少なくとも，この部品を製造できる設備がすでに存在し，現在遊休状態かもしくは遊休ではないが転用している場合には，その部品を製造しても別に固定製造間接費は増加しない。したがって，この固定製造間接費は，製造か購買かに無関連な原価，つまり，埋没原価となるため，除外しなければならない。

　製造か購買かによって影響を受ける費用，つまり差額原価は，変動費（直接材料費と直接労務費と変動間接費）と購買原価であるから，両者を比較すれば，どの部品を自製する方が得かどうか判明する。

　したがって，差額原価計算時の表は，以下のようになる。

(単位：円)

	部品番号	差額原価（変動費）			購買原価
		a．直接費	c．間接費	d．変動費（a＋c）	
差額原価計算	1	7,500	1,500	9,000	7,200
	2	3,600	600	4,200	4,800
	3	2,400	600	3,000	3,600
	4	3,000	600	3,600	2,880
	5	2,400	300	2,700	3,000
	計	18,900	3,600	22,500	21,480

　よって，部品番号1の差額原価は，9,000円，購買原価は，7,200円となり，購買すべきである。同様に，部品番号2の差額原価は，4,200円，購買原価は，4,800円となり，自製すべきである。部品番号3の差額原価は，3,000円，購買原価は，3,600円となり，自製すべきである。部品番号4の差額原価は，3,600円，購買原価は，2,880円となり，購買すべきである。部品番号3の差額原価は，2,700円，購買原価は，3,000円となり，自製すべきである。

【問題13−4】

大湖工業株式会社は，新たな販売領域を確立するため，市場の新規開拓に乗り出そうと考えた。新規開拓にともない，追加で発生する費用は，広告費が35％増，新規開拓を行う社員に対して支給する給料が1,200,000円，旅費が30％増と予想されている。製品の単位あたり変動費は，3,000円と見積もっている。さらに，新規開拓により目標とされる売上高は，1,500単位増である。以下の新規開拓に関する資料をもとに，新規開拓すべきか否かを意思決定しなさい。

＜資料＞

当期の販売価格：@8,000円　　当期の販売量：5,000単位

(単位：万円)

売 上 高	4,000
売上原価	
広 告 費	800
給　　料	720
旅　　費	450
賃 借 料	90

【解答・解説】

この意思決定には，市場の新規開拓によって発生する差額原価および差額収益を算出し，差額原価計算によって意思決定しなければならない。そこで，当期の売上高および原価に関する資料と市場の新規開拓による見積原価および収益に関する資料が必要となる。

(単位：万円)

	当期の売上高および原価	見積原価および見積収益
売 上 高	4,000	5,200
広 告 費	800	1,080
給　　料	720	840
旅　　費	450	585
賃 借 料	90	90
変 動 費	1,500	1,950

この表により，既存の収益は，4,000万円−(800万円＋720万円＋450万円＋90万円＋1,500万円)＝440万円となる。さらに，市場の新規開拓した場合の収益は，5,200万円−(1,080万円＋840万円＋585万円＋90万円＋1,950万円)＝655万円となり，収益が増加するため，市場の新規開拓をすべきである。

【問題13−5】

大湖工業株式会社は，市場の新規開拓に備え，オリジナル製品ウイッシュの生産効率を上げるため組立ての機械を新型の機械に取り替えるべきか，リースすべきか，既存の機械を使い続けるかを検討している。以下の資料をもとに，意思決定を行いなさい。

＜製品ウイッシュに関する資料＞
　＊生産量　　　　　　1,500台
　＊当期の販売価格　　@4,000円
　＊製造原価　　変動費　@2,000円　　固定費　1,500,000円

＜既存組立て機械Bに関する資料＞
　＊取得原価　1,000,000円
　＊耐用年数　5年
　＊使用年数　3年
　＊減価償却累計額　600,000円
　＊帳簿価額　400,000円
　＊残存価額　40,000円
　＊既存組立て機械Bを売却した場合，360,000円（帳簿価額400,000円−残存価額40,000円）の売却損が，発生する。

＜新型組立て機械Rに関する資料＞
　＊取得原価　900,000円
　＊耐用年数　2年
　＊使用年数　−
　＊減価償却累計額　−

＊帳簿価額　—
＊残存価額　—
＊新型組立て機械Rの取り替えにより，変動費が@1,200円に低減する。
＊新型組立て機械Rに取り替えても，操業度に大きな変化はなく固定費は変動しない。

＜組立て機械Zのリースに関する資料＞
＊組立て機械Zのリース代　400,000円（年間）
＊組立て機械Zのリースにより，変動費が@1,500円に低減する。
＊組立て機械Zをリースしても，操業度に大きな変化はなく固定費は変動しない。

【解答・解説】

　既存組立て機械Bに関する資料から，機械Bを売却する意思決定を行った場合，機械売却損の360,000円が発生するため，既存組立て機械Bを使用し続けることを選択してしまうかもしれない。しかしながら，既存組み立て機械B，新型組立て機械R，リース組立て機械Zを継続して使用した場合のオリジナル製品ウイッシュの売上，原価，利益の比較検討を行って意思決定をしなければならない。次の表は，組立て機械B，新型機械R，リース機械Zを機械Bの耐用年数まで使い続けた場合（2年間）に発生する原価を示した一覧表である。

（単位：万円）

	機 械 B	機 械 R	機 械 Z
変　動　費	600	360	450
固　定　費	300	300	300
リ　ー　ス　料	—	—	80
機械Bの減価償却費	40	40	40
機械Rの減価償却費	—	90	—
機　械　売　却　損	—	36	36
合　　　　計	940	826	906

この時，注意しなければならない点は，2つある。まず，既存組立て機械Bの償却損である400,000円が，全ての意思決定に関して発生するという点である。この償却損は，埋没原価で，どの意思決定を行った場合でも発生するため，比較計算を行う場合には，最初から除外可能な原価となる。次に，機械売却損である。これは，既存組立て機械Bを売却した場合においてのみ発生する原価で，機会原価となる。つまり，新型機械Rの購入もしくは機械Zのリースの意思決定を選択した場合においてのみ考慮に入れる原価となる。したがって，これらの原価と予想売上高から推定できる予想利益額は，以下のようになる。

(単位：万円)

	機械B	機械R	機械Z
売　上　高	1,200	1,200	1,200
変　動　費	600	360	450
固　定　費	300	300	300
リ ー ス 料	—	—	80
機械Bの減価償却費	40	40	40
機械Rの減価償却費	—	90	—
機　械　売　却　損	—	36	36
予　想　利　益	260	374	294

したがって，新型組立て機械Rの購入を選択した方がよい。

(注)

1) 西澤脩『管理会計講座』税務経理協会，1991年，215ページ。
2) 同上書，215—216ページ。
3) 同上書，216ページ。

〈参考文献〉

西澤脩『管理会計講座』税務経理協会　1991年。
西澤脩『管理会計入門』税務経理協会　1982年。
村田直樹・高梠真一・浦田隆広編著『管理会計の道標』税務経理協会　2004年。

第14章

品質原価計算による
コスト・マネジメント

> フォークユーロ社は,特定の製品を製造・販売する小規模メーカーである。同社の社長T氏は,競合他社との激しい競争に対応するため,価格を戦略の要として位置づけ,経営を行ってきた。しかし先日,コンサルティング会社から,フォークユーロ社の顧客満足度や市場占有率が低下しているとの報告を受けた。担当者は,フォークユーロ社の競争力,そして市場占有率を高めるためにも,品質管理を全社的かつ総合的に展開することが必要であること,そして,そのさい,品質を会計的側面から管理することが重要であるとの指摘を受けた。フォークユーロ社の社長T氏は総合的品質管理(TQM)とそれを支援する品質原価計算の導入を決定した。

1．品質原価計算の基礎

品質原価計算とは「品質管理活動が原価に及ぼす影響を測定するために,製品の品質の変化に関連して増減する費用を一定の基準のもとに集計し,その分析を行う」[1]ことによって,全社的かつ総合的な品質管理活動(TQMなど)を促進するツールである。

2．品質コスト

品質コストとは品質管理活動に関連するコストのことであり,これは一般

に，予防コスト，評価コスト，失敗コストに大別することができる。

（1） 予防コスト

予防コストとは，品質不良な製品の発生を予防するための活動にかかるコストのことである。これには，品質教育訓練，品質計画，納入業者の評価，品質監査，品質サークルなどが含まれる。予防コストは，管理者の自由裁量的な管理可能コストであり，これを重視することで，評価コストや失敗コストを低減させることができる。

（2） 評価コスト

評価コストとは，製品が設計仕様書（顧客要求事項）に適合しているかどうかを判断するためにかかるコストのことである。これには，受入材料の検査，包装検査，完成品検査などが含まれる。評価コストは，予防コストと同じく，管理者の自由裁量的な管理可能コストである。

（3） 失敗コスト

失敗コストとは，製品が設計仕様書（顧客要求事項）に適合し得なかった場合に発生するコストのことである。これは，内部失敗コストと外部失敗コストに分類することができる。

内部失敗コストとは，設計仕様書に適合し得ない製品が顧客に提供される前に発見された場合に発生するコストである。これには，補修，作業休止時間，再検査などが含まれる。**外部失敗コスト**は，設計仕様書に適合し得ない製品が顧客に提供された後に発見された場合に発生するコストである。これには，返品，取替，製造物責任，リコール，さらには**機会原価**も対象となる。失敗コストは，管理者にとって非自発的な管理不能コストとなる。

3．品質コスト報告書

品質コストは，前述した**予防・評価・失敗（PAF）**の分類法で集計され，品質コスト報告書としてまとめられ，総合的な品質管理活動を実施するさいの基礎資料となりうる。この報告書は，期間別，製品別，部門別を管理対象に作成されることもある。また統一された様式はないが，PAF分類法が最も一般的なものとなっている。

【問題14-1】

フォークユーロ社は，20X1年，コンサルティング会社による指導のもと，品質原価計算を導入し，品質コスト報告書を作成することとなった。次の資料にもとづき，同社の品質コスト報告書を作成しなさい。

＜資料＞　　　　　　　　　　　　　　　　　　　　　（単位：円）

品質トレーニング	20,000	品質試験	100,000
品質計画	20,000	品質業績測定	80,000
他の品質改善	40,000	納入業者の監視	10,000
納入業者の認証	30,000	顧客調査	10,000
補修	150,000	製造物責任保険	250,000
再検査	30,000	補償内修理	120,000
設備失敗	50,000	顧客ロス（見積）	1,400,000
作業休止時間	50,000		

【解答・解説】

予防コストは品質不良な製品の発生を予防するための活動にかかるコストであり，上記資料から，品質トレーニング，品質計画，他の品質改善，納入業者の認証がそれに該当する。次に，評価コストは製品が設計仕様書に適合しているかどうかを判断するためにかかるコストのことであるから，品質試験，品質業績測定，納入業者の監視，顧客調査となる。また，内部失敗コストは，設計仕様書に適合し得ない製品が顧客に提供される前に発見された場合に発生する

コストであり，補修，再検査，設備失敗，作業休止時間が相当する。そして外部失敗コストは，設計仕様書に適合し得ない製品が顧客に提供された後に発見された場合に発生するコストということで，製造物責任保険，補償内修理，顧客ロス（見積）となる。したがって，フォークユーロ社の品質コスト報告書（20X1年）は図表14－1のとおりとなる。

図表14－1　品質コスト報告書（20X1年）

予防コスト	
品質トレーニング	20,000
品質計画	20,000
他の品質改善	40,000
納入業者の認証	30,000
計	110,000
評価コスト	
品質試験	100,000
品質業績測定	80,000
納入業者の監視	10,000
顧客調査	10,000
計	200,000
内部失敗コスト	
補修	150,000
再検査	30,000
設備失敗	50,000
ダウンタイム	50,000
計	280,000
外部失敗コスト	
製造物責任保険	250,000
補償内修理	120,000
顧客ロス（見積）	1,400,000
計	1,770,000
総品質コスト	2,360,000

（E. J. Blocher, K. H. Chen, G. Cokins and T. W. Lin, *Cost Management: A Strategic Emphasis*, 3rd. Edition, 2005, p. 697より作成。）

4．品質コスト分析

　前述したように，PAF分類法にもとづき，品質コストを集計し，品質コスト報告書としてまとめたならば，いくつかの比率分析を行うことが可能となる。ここでは，売上高品質コスト率，売上高失敗コスト率，売上高自由裁量コスト率，売上高外部失敗コスト率をとりあげる。

①　売上高品質コスト率

　売上高品質コスト率とは売上高に占める品質コストの割合のことであり，次のように計算することができる。

　　売上高品質コスト率（％）＝品質コスト÷売上高×100

　この売上高品質コスト率が高い数値を示すのであれば，同社には解決すべき品質問題が存在していると判断できる。とはいえこの指標だけでは問題の具体的内容を明らかにすることができないため，さらに売上高失敗コスト率と売上高自由裁量コスト率に分けて検討することになる。

②　売上高失敗コスト率

　売上高失敗コスト率とは売上高に占める失敗コストの割合のことであり，次のように計算することができる。

　　売上高失敗コスト率（％）＝失敗コスト÷売上高×100

③　売上高自由裁量コスト率

　自由裁量コストとは予防コストと評価コストの合計額であり，売上高自由裁量コスト率とは売上高に占める自由裁量コストの割合のことである。売上高自由裁量コスト率は次のように計算することができる。

　　売上高自由裁量コスト率（％）＝自由裁量コスト÷売上高×100

　以上から，かりに売上高失敗コスト率が売上高自由裁量コスト率に比べて高いというのであれば，品質不良の製品の発生を未然に防ぐための品質管理活動に対する取り組みが不十分であったと判断できる。

④ 売上高外部失敗コスト率

売上高外部失敗コスト率とは売上高に占める外部失敗コストの割合のことであり、次のように計算することができる。

　　売上高外部失敗コスト率（％）＝外部失敗コスト÷売上高×100

この指標は顧客満足の度合いを示す指標である。かりに売上高外部失敗コスト率が競合他社のそれと比べて上回っていれば、顧客満足は大きく低下していると判断することができる。もちろんこの場合、ＴＱＭの強化が喫緊の課題となる。

【問題14－2】

フォークユーロ社の品質コスト報告書（20X1年）から、売上高品質コスト率、売上高失敗コスト率、売上高自由裁量コスト率、売上高外部失敗コスト率を算出しなさい。売上高は8,000,000円であった。

【解答・解説】

売上高品質コスト率（％）　　＝2,360,000円÷8,000,000円×100＝29.50％
売上高失敗コスト率（％）　　＝2,050,000円÷8,000,000円×100＝25.625％
売上高自由裁量コスト率（％）＝310,000円÷8,000,000円×100＝3.875％
売上高外部失敗コスト率（％）＝1,770,000円÷8,000,000円×100＝22.125％

【問題14－3】

TQM導入から2年が経過した20X3年のY社の品質コストデータは次のとおりである。この資料にもとづき，導入（20X1）年と比較可能な品質コスト報告書を作成し，それをもとに比率分析を行いなさい。

<資料>　　　　　　　　　　　　　　　　　　　　　　（単位：円）

品質トレーニング	90,000	品質試験	120,000
品質計画	86,000	品質業績測定	100,000
他の品質改善	60,000	納入業者の監視	60,000
納入業者の認証	40,000	顧客調査	30,000
補修	55,000	製造物責任保険	70,000
再検査	35,000	補償内修理	100,000
設備失敗	30,000	顧客ロス（見積）	600,000
作業停止時間	20,000		

【解答・解説】

品質コスト報告書

	20X1年	売上高比	20X3年	売上高比
予防コスト				
品質トレーニング	20,000		90,000	
品質計画	20,000		86,000	
他の品質改善	40,000		60,000	
納入業者の評価	30,000		40,000	
計	110,000	1.38%	276,000	3.07%
評価コスト				
品質試験	100,000		120,000	
品質業績測定	80,000		100,000	
納入業者の監視	10,000		60,000	
顧客調査	10,000		30,000	
計	200,000	2.50%	310,000	3.44%
内部失敗コスト				
補修	150,000		55,000	

再検査	30,000		35,000	
設備の失敗	50,000		30,000	
ダウンタイム	50,000		20,000	
計	280,000	3.50%	140,000	1.56%
外部失敗コスト				
製造物責任保険	250,000		70,000	
補償内修理	120,000		100,000	
顧客ロス（見積）	1,400,000		600,000	
計	1,770,000	22.13%	770,000	8.56%
総品質コスト	2,360,000	29.50%	1,496,000	16.62%
総売上高	8,000,000		9,000,000	

（E. J. Blocher, K. H. Chen, G. Cokins and T. W. Lin, *Cost Management: A Strategic Emphasis*, 3rd. Edition, 2005, p. 697より作成。）

　品質コスト報告書は上記のとおりになる。次に，比率分析を行うと，まず，20X3年の売上高品質コスト率は16.62％（＝1,496,000円÷9,000,000円×100）となる。これは20X1年の売上高に対する品質コストの相対的な負担額（29.50％）に比べて大幅に改善しているといえる。

　次に，20X3年の売上高失敗コスト率と売上高自由裁量コスト率を算出すると，売上高失敗コスト率は約10.11％（＝910,000円÷9,000,000円×100）であり，売上高自由裁量コスト率は約6.51％（＝586,000円÷9,000,000円×100）となる。前者は，20X1年（25.625％）から大幅に改善されていることがわかる。後者は，20X1年（3.875％）に比べれば増加しているが，これは，品質不良の製品の発生を未然に防ぐための品質管理活動に対する取り組みに起因するものである。今後は，自由裁量コストのなかでも予防コストをより重視することで，評価コストも大幅に削減することが可能となる。

　最後に，20X3年の売上高外部失敗コスト率は約8.56％（＝770,000円÷9,000,000円×100）となる。これは20X1年の数値（22.125％）を大幅に改善しており，これは，同社の製品に対する顧客満足が向上したことを示し，顧客は既存の製品の質に満足していると判断することができる。

(注)
 1) 村田直樹「品質原価計算とゼロディフェクツ」『品質管理』第49巻第11号 1998年，37ページ。

＜参考文献＞
 村田直樹・高梠真一・浦田隆広編著『管理会計の道標―原価管理会計から現代管理会計へ（改訂増補版）』税務経理協会 2004年。
 村田直樹・竹田範義・沼惠一『品質原価計算論―その生成と展開』多賀出版 1995年。
 高梠真一編著『管理会計入門ゼミナール』創成社 2005年。
 浦田隆広『アメリカ品質原価計算研究の視座』創成社 2011年。

第15章

設備投資のための経済性計算

　森山工業は，金属加工を得意とする中小企業である。同社は世界有数の技術力を有し，さらなる競争力増強に向けて最新鋭の設備を購入するか否かを経理部門に検討させている。同社の経営陣は，経理担当者から留意すべき一般的な事項に関して説明を受けた。

1．設備投資の要件

　設備投資（**資本予算**）は多額の資金を要し，それが長期間にわたり固定化されるため，慎重な検討が必要となる（図表15-1）。設備投資のプロセスは，問

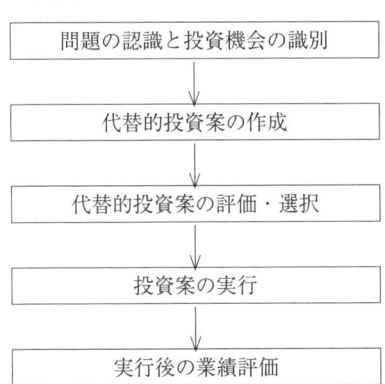

図表15-1　設備投資のプロセス

```
┌──────────────────────┐
│ 問題の認識と投資機会の識別 │
└──────────┬───────────┘
           ↓
┌──────────────────────┐
│     代替的投資案の作成     │
└──────────┬───────────┘
           ↓
┌──────────────────────┐
│   代替的投資案の評価・選択   │
└──────────┬───────────┘
           ↓
┌──────────────────────┐
│       投資案の実行       │
└──────────┬───────────┘
           ↓
┌──────────────────────┐
│     実行後の業績評価      │
└──────────────────────┘
```

題の認識と投資機会を識別し，データの収集や代替的投資案の作成・評価・選択を行い，投資を実行する。実行後は業績評価を行うことで，次回以降の投資に対する有用な情報を得ることができる。設備投資は，一般に以下のような特徴を有している。

1. 設備投資は，それ自体が完結したプロジェクトとして扱われるため，期間損益計算ではなく全体損益計算を行う。
2. 全体損益計算を行う場合，キャッシュ・アウトフロー（COF）からキャッシュ・インフロー（CIF）を控除した**正味キャッシュ・フロー**が重要となる。
3. 投資資金を外部に依存（株式・長期社債）する場合，資本コストを負担する必要が生じる。調達資金に対する資本コストの割合である**資本コスト率**は，投資に求められる**最低所要利益率**を意味しており，投資案の採否を決定する**切捨率**としても機能する[1]。

設備投資案の評価に絶対的な方法はなく，企業のニーズに応じて多様な種類がある（図表15-2）。割引キャッシュ・フロー法（DCF法）は，**貨幣の時間価値**という概念を援用した方法であり，詳細は後述する。

図表15-2　設備投資案の評価方法

回収期間法 投下資本利益率法	伝統的方法
正味現在価値法 収益性指数法 内部利益率法	DCF法

2．伝統的方法による設備投資の判定

　経理担当者は，続いて経営陣に具体的な評価方法の説明を行った。**回収期間法**には**単純回収期間法**と**累積的回収期間法**があり，設備投資額の回収期間を計算してそれが短いほど有利な投資案と判定する方法である。

$$回収期間＝\frac{設備投資額}{年間の平均正味キャッシュ・フロー}$$

　投下資本利益率法は，設備投資額に対する利益額（利益率）が高いほど有利な投資案と判定する方法であり，**単純投下資本利益率法**と**平均投下資本利益率法**がある。単純投下資本利益率は，CIF総額から設備投資額を控除して耐用年数で除した金額を分子とし，設備投資額を分母とする。利益率であるから分子は利益となるが，設備投資ではキャッシュ・フローが重視されるので，「CIF総額－設備投資額」は全体損益計算による正味キャッシュ・フローとなる。一般的に耐用年数は経済的耐用年数を利用し，法定耐用年数を利用することもある。

$$単純投下資本利益率＝\frac{（CIF総額－設備投資額）÷耐用年数}{設備投資額}$$

$$平均投下資本利益率＝\frac{（CIF総額－設備投資額）÷耐用年数}{設備投資額÷2}$$

　平均投下資本利益率法は，分母の設備投資額を2分の1とする。その理由は，残存価額ゼロの定額法を想定した場合，平均して帳簿価額の2分の1が未回収となっているからである。

【問題15－1】

森山工業は現在，最新鋭設備に対する２つの投資案（Ａ案とＢ案）を検討している。単純回収期間法によって，どちらの投資案が有利か判定しなさい。

投資案	投資額	キャッシュ・インフロー		（単位：円）
		１年	２年	３年
Ａ案	500,000	200,000	200,000	200,000
Ｂ案	600,000	300,000	250,000	200,000

【解答・解説】

単純回収期間法は，Ａ案が2.5年（500,000円÷200,000円）となる。Ｂ案は毎年のキャッシュ・フローが一定ではないため，まずキャッシュ・フロー総額750,000円を３年で除して平均額250,000円を算出し，これで600,000円を除して年数を算出する。Ａ案が2.5年，Ｂ案が2.4年となるため，回収期間の短いＢ案の方が有利となる。

　Ａ案：2.5年

　Ｂ案：2.4年

経理担当者は，Ｂ案のように年々のCIFが一定でなければ平均額を利用して計算する（上記解答を参照）が，累積的回収期間法による評価もできると説明した。同法は毎年のCIFを回収額として累積していき，どのくらいの期間を必要とするのかを計算する。下図では３年目にCIF総額が設備投資額を超過するので，回収期間は２年＋aとなる。そこで設備投資額から前年度までの累積額を控除した金額（50,000円）を分子とし，３年目のCIFである200,000円を分母として計算すると2.25年となり，Ｂ案の結果（2.4年）と異なってくる。

	CIF総額		設備投資額
１年	300,000	＜	600,000
２年	550,000	＜	600,000
３年	750,000	＞	600,000

$$回収期間 = 2 + \frac{600,000 - 550,000}{200,000} = 2.25$$

　さらに経理担当者は，回収期間法の限界を経営陣に理解してもらうために架空の投資案であるC案を提示した。C案を単純回収期間法で評価すると，2.5年（500,000円÷200,000円）となりA案と同様の結果となる。ところがCIF総額でみると，A案は600,000円，C案は800,000円であり，収益性はC案の方が高いと考えられる。回収期間法は，回収期間後のキャッシュ・フローを考慮しないために，収益性の判定に利用できない，貨幣の時間価値を無視しているという2つの欠点を有する[2]。

投資案	投資額	キャッシュ・インフロー			（単位：円）
		1年	2年	3年	3年
C案	500,000	200,000	200,000	200,000	200,000

【問題15－2】
　森山工業の経営陣は，最新鋭の設備に対する2つの投資案（A案とB案）に関して，単純投下資本利益率法・平均投下資本利益率法による判定結果はどうなるかを経理部門に訊ねた。問題15－1の資料を利用して，どちらの投資案が有利か判定しなさい（解答算出時に小数点以下第4位を四捨五入）。

【解答・解説】
　投下資本利益率法は，まずA案では，CIF総額600,000円から設備投資額500,000円を差し引き耐用年数3年で除す。電卓では33,333.333…と表示されるが，「解答算出時に小数点以下第4位を四捨五入」と指示があるため端数を維持して計算する点に注意する。最後に設備投資額500,000円で除すると0.0666…となり，約0.067と計算できる。B案も同様に計算すると約0.083となり，B案が有利となる。

<単純投下資本利益率法>

$$A: \frac{(600{,}000 - 500{,}000) \div 3}{500{,}000} = 0.0666\cdots \fallingdotseq 0.067$$

$$B: \frac{(750{,}000 - 600{,}000) \div 3}{600{,}000} = 0.0833\cdots \fallingdotseq 0.083$$

平均投下資本利益率法は，分母の設備投資額を2分の1にすること以外は投下資本利益率法と同様の手順で計算することができる。A案は約0.133，B案は約0.166となるため，B案が有利となる。

<平均投下資本利益率法>

$$A: \frac{(600{,}000 - 500{,}000) \div 3}{500{,}000 \div 2} = 0.1333\cdots \fallingdotseq 0.133$$

$$B: \frac{(750{,}000 - 600{,}000) \div 3}{600{,}000 \div 2} = 0.1666\cdots \fallingdotseq 0.166$$

ここで，A案に対して3年後に600,000円のCIFが生じるD案を検討してみる。A案，D案ともに単純投下資本利益率法では約0.067，平均投下資本利益率法では約0.133となり，両案の優劣を判定することはできない。

投資案	投資額	キャッシュ・インフロー		(単位：円)
		1年	2年	3年
A案	500,000	200,000	200,000	200,000
D案	500,000	0	0	600,000

しかしながらA案は1年目からCIFを生じ，これを他の事業等に投資すれば早期の成長を見込める点で，D案よりも有利と判定されるべきである。投下資本利益率法がこの点を判定できないのは，貨幣の時間価値を考慮していないからであるが，回収期間法と異なり収益性の判定には利用できる[3]。

> 順調な経営を続けていた森山工業は，付加価値の高い金属加工に対応するために特殊な金属加工機械への投資を検討し始めた。今回は，より厳密な投資評価方法として正味現在価値法を採用することとし，同社の経理担当者は，経営陣に概要を説明した。

3．DCF法による設備投資の判定

　投資により次年度以降にCIFが生じるので，投資額とCIF総額を比較すれば投資案の評価ができそうである。ところが，投資時点とCIFの発生時点は時間軸が異なるため，厳密にはそのまま比較することはできない。これを理解するには，貨幣の時間価値という概念を援用する必要がある（図表15－3）。たとえば利率3％を前提とすると，現在の100円と1年後の103円は同等の価値を有する。将来時点で計算された103円は，現在の100円に対する**将来価値**である。反対に利率3％を前提とすると，1年後の100円と現在の97.1円は同等の価値を有する。現在時点で計算された97.1円は，1年後の100円に対する**現在価値**である[4]。将来キャッシュ・フローを現在価値に割り引くさいには，現価係数表を利用することで簡便に計算できる（図表15－4）。上述の利率3％を前提とした1年後の100円の現在価値は，現価係数表の3％と1年の係数0.971を使用して，100円×0.971＝97.1円と計算できる。

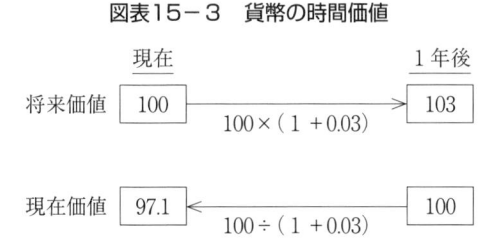

図表15－3　貨幣の時間価値

	現在		1年後
将来価値	100	→　100×(1＋0.03)	103
現在価値	97.1	←　100÷(1＋0.03)	100

図表15−4　現価係数表（1円の現在価値）

n／r	1％	2％	3％	4％	5％	6％	7％
1	0.990	0.980	0.971	0.962	0.952	0.943	0.935
2	0.980	0.961	0.943	0.925	0.907	0.890	0.873
3	0.971	0.942	0.915	0.889	0.864	0.840	0.816
4	0.961	0.924	0.888	0.855	0.823	0.792	0.763
5	0.951	0.906	0.863	0.822	0.784	0.747	0.713

注）nは年数，rは利子率を表している。

正味現在価値法は，投資によって生じる各年のキャッシュ・フローを資本コスト率で割り引いた現在価値合計から，投資額を控除して正味現在価値を算出し，それが多額なほど有利と判定する方法である[5]。資本コスト率は，投資に求められる最低所要利益率（切捨率）である。投資のために3％の社債を発行して資金調達を行ったとすると，そのコストが3％生じることになるので，最低でも3％以上の収益率が見込める投資案を選択しなければならない。典型的な設備投資は投資時点（現在）でCOFを生じ，次年度以降（将来）にCIFを生じることとなる。現在投資を行って1年後にCIFが1度だけ生じる投資案があった場合（図表15−5），正味現在価値法では，1年後のCIFを現在価値に割り引いたうえで投資額との比較を行い，正味現在価値がプラスであれば投資を実行する。複数投資案の場合は，もっとも高い正味現在価値（プラスが前提）の投資を実行する。

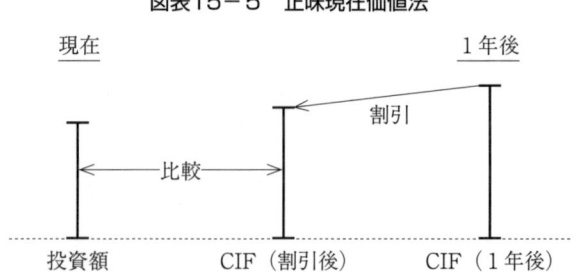

図表15−5　正味現在価値法

【問題15-3】

森山工業は,特殊な金属加工機械への投資にさいして,以下の2つの投資案（E案とF案）を検討している。正味現在価値法によって,どちらの投資案が有利か判定しなさい。資本コスト率は5％とし,係数は図表15-4を参照すること。

投資案	投資額	キャッシュ・インフロー （単位：円）		
		1年	2年	3年
E案	700,000	270,000	280,000	300,000
F案	800,000	300,000	320,000	340,000

【解答・解説】

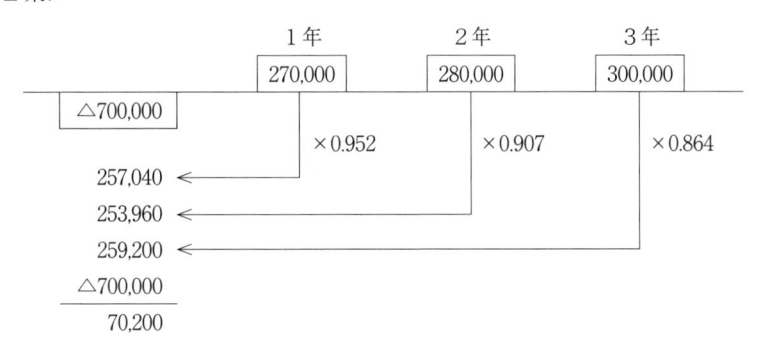

E案は,700,000円の投資に対して3年間のCIFを生じる。各年のCIFを各々の資本コスト率（0.952, 0.907, 0.864：図表15-4参照）で割り引くと,現在価値合計は770,200（257,040＋253,960＋259,200）円となる。ここから投資額を差し引くと正味現在価値は70,200円のプラスとなる[6]。

＜E案＞

```
                          1年         2年         3年
                       ┌───────┐  ┌───────┐  ┌───────┐
                       │270,000│  │280,000│  │300,000│
   ┌────────┐          └───────┘  └───────┘  └───────┘
   │△700,000│
   └────────┘           ×0.952     ×0.907     ×0.864
   257,040  ←──────────────┘
   253,960  ←─────────────────────────┘
   259,200  ←──────────────────────────────────────┘
   △700,000
   ─────────
     70,200
```

F案は，800,000円の投資に対して3年間のCIFを生じる。各年のCIFを各々の資本コスト率（0.952, 0.907, 0.864：図表15－4参照）で割り引くと，現在価値合計は869,600（285,600＋290,240＋293,760）円となる。ここから投資額を差し引くと正味現在価値は69,600円のプラスとなる。

＜F案＞

```
                    1年        2年        3年
                  300,000    320,000    340,000
    △800,000
                   ×0.952    ×0.907    ×0.864
     285,600  ←
     290,240  ←
     293,760  ←
    △800,000
      69,600
```

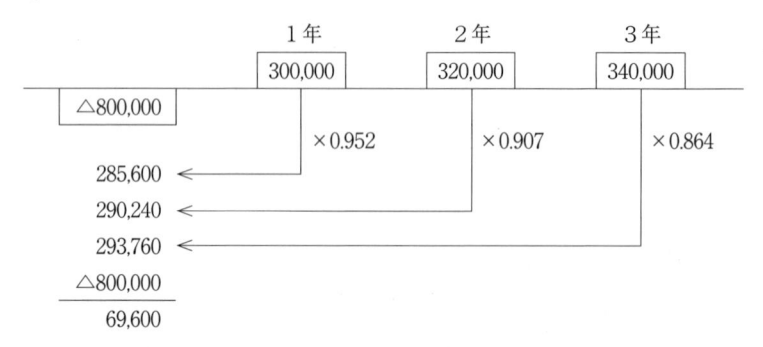

E案・F案ともに正味現在価値はプラスであるため，資本コスト率は超過している[7]。しかし正味現在価値はE案の方が600円多いため，E案を採用するのが有利となる。

収益性指数法は，設備投資に対する収益性の指数が高いほど有利な投資案と判定する方法である。計算方法は，投資によって生じる各年のキャッシュ・フローを資本コスト率で割り引いた現在価値合計と投資額（の現在価値合計）を算出し，比率で表示する。分母は，本書で想定している典型的な設備投資であれば初期投資額をそのまま使用する。

$$収益性指数 = \frac{CIFの現在価値合計}{COFの現在価値合計}$$

----【問題15−4】----

森山工業の経営陣は，（問題15−3で扱った）特殊な金属加工機械に対する２つの投資案（E案とF案）に関して，収益性指数法による判定結果はどうなるかを経理部門に訊ねた。問題15−3の結果を利用して，どちらの投資案が有利か判定しなさい。端数が生じた場合は，小数点以下第３位を四捨五入すること。

【解答・解説】

E案は約1.1，F案は約1.09となるため，E案が有利となる。

E案： $\dfrac{770{,}200}{700{,}000} = 1.100 \fallingdotseq 1.1$

F案： $\dfrac{869{,}600}{800{,}000} = 1.087 \fallingdotseq 1.09$

投資案に対して収益性指数法は比率での比較を行い，正味現在価値法は金額での比較を行うが，計算方法はほとんど同様である。

内部利益率法は，投資によって生じる各年のキャッシュ・フローを資本コスト率で割り引いた現在価値合計と，投資額（の現在価値合計）を等しくする割引率（内部利益率）を算出し，それが高いほど有利と判定する方法である。

(注)

1) 岡本清『原価計算（第6版）』国元書房，2000年，752ページ。
2) 櫻井通晴『管理会計（第4版）』同文舘，2009年，533-534ページ。
3) 廣本敏郎『原価計算（第2版）』中央経済社，2008年，570-571ページ。
4) 資本主義経済において，タダで資金を貸すことは通常ない。したがって，利息の授受を前提として考えると，時間軸が異なれば単純に金額を比較することはできないのである。
5) ここでは設備投資のCOFを投資時点のみと仮定しているが，追加投資が生じればその金額は将来COFとなるので，現在価値への割引計算が必要となる点に注意されたい。
6) 現価係数表が利用できなければ，1年ごとに割引計算を行う。たとえば3年後のキャッシュ・フロー300,000円を現在価値に割り引く場合は，$300,000円÷(1.05)^3 ≒259,151円$となる。解答の259,200円との誤差は，端数処理の関係で生じる。解答する場合は，問題文の指示に従う。
7) 投資資金に余裕があれば，両案とも実行される。

補章

原価計算による中小企業の経営管理
—下請け企業の原価計算—

　発注先の下請け企業株式会社マイキーから，より緻密な原価管理を行うため，原価計算相談室に協力の依頼があった。室長は，原価管理に詳しい担当者を株式会社マイキーへ派遣した。

　派遣された担当者は，どのような問題が生じているのか，株式会社マイキーの社長に説明を受けた。この会社は，特殊な塗料の製造を行っている。塗料の劣化が早いため保存期間も限られており，得意先の注文に応じて塗料の製造を行っていた。しかしながら，原油の価格高騰から原材料の価格が上昇したことに加え，円高による価格競争の激化から販売価格の維持が厳しくなった。そのため，自分の会社にマッチした原価管理の方法を導入することによってコストダウンを可能にしたいと考えた。生産効率向上のため，本社では塗料を大量に生産できる大きな釜を導入していた。現在株式会社マイキーでは，基本となる白および黒そしてその他の色との3種類に分けて製品別原価計算を行っていた。さらに，詳細に塗料を調合する釜ごとの原価管理を行っていた。

1．コスト・ダウンとコスト・リダクション

　株式会社マイキーについて，担当者は原価を下げる要因が整理されていないことに問題があると感じた。原価を下げる要因は，大きく分けて2つの要因がある。1つは，生産効率を上げることによって製品1単位当たりの固定費を下

げるコスト・ダウン（原価削減 cost down）である。今ひとつは，製品に用いる原材料の企画を変更したり製品自体の仕様を変えることによるコスト・リダクション（原価低減　cost reduction）である。この2つの概念が明確に区分されない限り，原価管理に責任のあり方も大きく誤ったものになってしまう。前者のコスト・ダウンは，生産現場での生産効率の問題である。しかしながら，原価削減は全社的な企業トップの問題である。ここでこの株式会社マイキーの問題を考えてみる。この企業は受注生産で行われており，生産担当者に生産量および生産のタイミングについての決定権もない。生産担当者にとって固定費に係わる原価は，全く管理できない**管理不能原価**である。しかしながら株式会社マイキーでは，他の大手企業が見込み生産を行っていることから，受注生産にもかかわらず見込み生産を前提とした総合原価計算による原価管理を行っていた。

2．直接原価計算の考え方

　総合原価計算による管理は，作業現場では管理できない固定費の非効率も含まれてしまうため誤った評価が行われてしまう。このような企業においては，直接原価計算による情報の方が有用な情報となる。しかし決算にさいし，期末仕掛品および製品棚卸高に含まれる固定費の調整を行われなければならない。この場合，期末仕掛品および製品の棚卸の評価方法は，期末に前期からの固定費調整額が残らないよう，手続の煩雑さを避けるため先入先出法の採用が望ましい。

【固定費調整の計算例】
　当該企業は，先入先出法を採用した直接原価計算制度にもとづいて原価計算を行っている。今期の利益計算のための資料は，以下のとおりである。前期今期ともに月末に仕掛品は存在しない。直接原価計算による損益計算書を固定費調整を行い，全部原価計算による損益計算書を作成する。

（1）製造および販売資料

	前期	当期
月初製品棚卸高	600kg	300kg
当月製品製造	7,200kg	9,000kg
当月販売量	7,500kg	8,400kg
月末製品棚卸高	300kg	900kg

（2）原価資料

	前期	当期
変動原価（製品1kg当たり）		
直接材料費	420円	420円
直接労務費	1,200円	1,200円
変動製造間接費	600円	600円
固定製造間接費	12,000,000	12,000,000円
変動販売費（製品1kg当たり）	60円	60円
固定販売費および一般管理費	6,000,000円	6,000,000円
販売価格（製品1kg当たり）	6,000円	6,000円

【前月月末製品の評価額の計算】

　前月生産量7,200kg×（直接材料費420円＋直接労務費1,200円＋変動製造間接費600円）＝前月製品製造原価15,984,000円

　製品棚卸高の評価方法に先入先出法を採用しているので，月末の製品はその月に生産された製品から期末に残ると仮定されるため，その評価額の計算は以下のようになる。

　15,984,000円×前月末製品棚卸高300kg÷7,200kg

　　　　＝前月末製品棚卸評価額666,000円

　月末に残された製品に含まれる固定費の計算は，以下のように示される。

　固定製造間接費12,000,000円×300kg÷7,200kg

　　　　＝前月末製品在庫分固定製造間接費500,000円

当月末製品の評価額の計算

当月生産量9,000kg×(直接材料費420円+直接労務費1,200円
　　　+変動製造間接費600円)＝当月製品製造原価19,980,000円

19,980,000円×当月末製品棚卸高900kg÷9,000kg
　　　＝当月末製品棚卸評価額1,998,000円

固定製造間接費12,000,000円×900kg÷9,000kg
　　　＝当月末製品在庫分固定費調整額1,200,000円

この固定費調整額は，月末において以下のように仕訳を行う。

前月末

　(借)繰延固定製造間接費　500,000　(貸)固定費調整　500,000

当月末の固定費調整額は，1,200,000円となるが，前月末にすでに500,000円が繰り越されているので，その差額分を繰延補充する。

当月末

　(借)繰延固定製造間接費　700,000　(貸)固定費調整　700,000

この結果，当月末の繰延固定製造間接費の残高は，¥1,200,000となる。

損　益　計　算　書

Ⅰ.	売　上　高		50,400,000円
Ⅱ.	変　動　費		
	期首製品棚卸高(変動費)	666,000	
	当期製品製造原価(変動費)	19,980,000	
	合　　計	20,646,000	
	期末製品製造原価(変動費)	1,998,000	18,648,000
	製造マージン		31,752,000
	変動販売費		504,000
	貢献利益		31,248,000
Ⅲ.	固　定　費		
(1)	固定製造間接費	12,000,000	
(2)	固定販売費・一般管理費	6,000,000	18,000,000
	直接原価計算による営業利益		13,248,000
	加算固定費調整		700,000
	全部原価計算による営業利益		12,548,000円

株式会社マイキーにおいて**管理可能費**および**管理不能費**の区分を見直す過程で，塗料を調合する釜ごとの原価管理が問題となった。それは，新しい釜を使用した場合製品に配賦される減価償却費が高くなるため，生産効率が悪いにもかかわらず減価償却の終了した古い釜をなるべく使用するようにしていた事実があった。これは，明らかに管理不能費を担当者に責任を押しつけていた誤りの結果である。早速に新しい釜の使用を指示した。また，全部原価計算による実際原価計算を行っていても，生産量により製品1単位当たりの固定費の配賦額が変化するため製品1単位当たりの原価は変化してしまい，価格受諾のための資料として十分なものとはいえない。直接原価計算による貢献利益の概念の方が，受注量との兼ね合いでの価格設定に有用な情報となる。

3．下請け企業の解決策

株式会社マイキーにおける問題がいくつか明らかとなった。改めて整理する。

（1）受注生産か見込み生産か

受注生産の場合，総合原価計算による管理方法は誤りである。中小企業において，受注による生産が多いにもかかわらず，見込生産を前提とした管理方法をとろうとしている企業が多く見られる。

（2）コスト・ダウンとコスト・リダクション

この二つの概念が混合されているため，管理方法や議論に混乱が生じる。このような問題に，原価計算が有用なことが明らかとなった。しかし，価格受諾の問題において直接原価計算を用いた場合，固定費が回収できるからという理由から安易に低い価格を受諾してしまう危険が生じる。回収すべき原価は，全ての原価であり，これが達成できなければ企業存続の危機となる。

> 株式会社ホリト製麺は生麺の生産を行っており，その扱う商品はうどん，そば，中華麺などである。さらに，それぞれ扱う小麦粉の種類，麺の太さなど数多くの種類の麺を製造している。社長は，麺それぞれの詳細な原価を知りたいという希望を持っていた。より詳細な原価情報を知りたいので原価計算制度を導入したいという取引先からの要望が原価計算相談室に紹介があった。室長は，製麺を生業とする株式会社ホリト製麺へ原価計算導入の経験豊富なベテラン相談員を派遣した。

4．原価計算制度導入の目的および問題点

　派遣された担当者は，製品1玉当たりの重量も決まっており（約100ｇ）原価の計算も簡単だと考えた。そして目的に合致した原価計算制度を作るため，原価を知りたい理由について尋ねた。社長の返答は「知らなければ困るだろう」という抽象的なものであった。そこで，具体的に何に困っているかと質問を重ねた。するとその答えは，以下のような3つがあげられた。
① 正しい利益計算
② 価格設定の妥当性
③ 作業効率の管理（材料の使用量および作業時間）
　派遣された担当者は，今までなぜ原価計算制度が導入できなかったのかについて質問した。社長は原価計算制度をどのように導入すればよいのか，会計の制度全体を見直さなければならなかったので，どのようにまたどこから手をつけてよいか全く知識がなかったことを原因にあげた。
　まず原材料の消費量をどのように把握したらよいか，製品1玉（100ｇ）当たりの小麦粉の使用量について質問した。その答えは，「その日の気候や天気によって水の使用量が全く違うので，解らない」というものだった。これは全く予想外の答えだった。原材料の主要材料である小麦粉の消費高が生産効率とは全く別の要因によって左右されるのであれば，原価計算制度を導入したとして

も生産効率について評価不可能となってしまう。また，価格設定の妥当性についても水の使用量によって原価が変化してしまうのであれば，妥当性について正確な評価はできない。現在正確な利益計算については，商的工業簿記によって達成できているのであれば，高いコストと手間をかけ原価計算制度を導入したとしても意味がなくなってしまう。

　原価計算制度を導入するとなると，原材料の消費高を計算するだけでも相当の手間がかかる。当然その手間に比例して，担当者の給料など費用の負担も大きくなる。材料を倉庫から生産する工場へ搬出するたびに材料有高帳への記入が必要となる。また，材料の種類もこの株式会社ホリト製麺においても、小麦粉だけでも5種類をはじめ，そば粉，かん水，食用油，塩，砂糖，鶏卵など数多くの材料が存在する。この記帳だけでも大変な手間となってしまう。他の製造業においても同様に，生産する製品の種類および消費する材料などの数はかなりの数になることが多く見られる。このような場合，どのようにどこまで分類して管理するのか大きな課題となる。このような場合，商的工業簿記を用いた記帳がかえって望ましい。

5．商的工業簿記

　商的工業簿記は，以下のように記帳し消費量を計算する。材料費を例に示すと以下のようになる。

　月初材料有高が記入されている材料勘定の借方側に，当月の材料仕入高が記入される。そして，月末材料有高（実地棚卸高）を材料勘定の貸方に記入し，借方と貸方の差額が当月材料消費高として計算される。

(借方)	材　　料	(貸方)
月初材料有高		当月消費高
当月仕入高		月末材料有高

(借方)	労　務　費	(貸方)
当月支払高		月初未払賃金
月末未払賃金		当月消費高

(借方)	経　　費	(貸方)
当月支払高		月初未払経費
当月経費計上高		当月消費高
当月未払経費		

仕掛品勘定は，以下のようになる。

(借方)	仕　掛　品	(貸方)
月初仕掛品有高		当月完成品
当月材料消費高		月末仕掛品有高
労務費消費高		
経費消費高		

　この方法による消費材料の計算の欠点は，結果としての消費量しか計算できず，どのようにして，どこでどれだけ消費されたか全く解らない。しかし，株式会社ホリト製麺のように気候や湿度によって水の使用量が変化するのに伴い小麦粉の使用量が変化するような企業においては，原価計算制度を用いても生産効率を管理できないので，商的工業簿記による記帳で十分である。また，価格の妥当性についても，生産量の増減など他の要素の変化が原価に影響を及ぼすので，ここにも原価計算制度を高額なコストをかけ導入する必要はないと考える。

【商的工業簿記の計算例】

以下の原価資料にもとづいて当月の製品製造原価を計算せよ。

月初材料棚卸高	540,000円	月初未払労務費	720,000円
月初未払経費	480,000円		
当月材料仕入高	1,800,000円	当月賃金支払高	2,400,000円
当月経費支払高	1,420,000円	当月分減価償却費	360,000円
月末材料棚卸高	520,000円	月末未払労務費	810,000円
月末未払経費	420,000円		
月初仕掛品	630,000円	月末仕掛品	1,060,000円
当月完成品生産量	28,000個		

(借方)	材	料	(貸方)
月初材料有高	540,000	当月消費高	1,820,000
当月仕入高	1,800,000	月末材料有高	520,000
	2,340,000		2,340,000

(借方)	労 務	費	(貸方)
当月支払高	2,400,000	月初未払賃金	720,000
月末未払賃金	810,000	当月消費高	2,490,000
	3,210,000		3,210,000

(借方)	経	費	(貸方)
当月支払高	1,420,000	月初未払経費	480,000
当月減価償却費	360,000	当月経費消費高	1,720,000
当月未払経費	420,000		
	2,200,000		2,200,000

(借方)	仕 掛 品		(貸方)
月初仕掛品有高	630,000	当月完成品	5,600,000
当月材料消費高	1,820,000	月末仕掛品有高	1,060,000
労務費消費高	2,490,000		
経費消費高	1,720,000		
	6,666,000		6,666,000

5,600,000円（当月完成品）÷28,000個（完成品）＝200.00円　1個当たり

6．中小企業の原価管理

　中小企業において価格の妥当性および作業効率を管理するための原価を原価計算制度の中から見出そうとするのは，あまり現実的ではない。しかし，商的工業簿記では，これらの要望に対応できない。そこで，標準原価まで厳格なものではなく平均的な指針となるような原価を，特殊原価調査のように条件等を設定し試験的に計算し利用することで対応できる。この原価を基準として，結果として算出された原価と比較して，差額の発生原因を調査することによって生産効率を図ることができる。さらに，この原価をもとに価格の妥当性を知ることができる。しかしながら，この場合設定した条件を常に頭に入れ，条件が異なった場合どのように原価が変化するかを理解し，その対応を準備しておかなければならない。

索　引

【あ】

IE ……………………………… 105
IE法 …………………………… 164
アクティビティ・コスト…………… 5
安定発生………………………… 88
異常減損費……………………… 83
売上高品質コスト率……………… 217
売上高外部失敗コスト率………… 218
売上高失敗コスト率……………… 217
売上高自由裁量コスト率………… 217
ABM …………………………… 197
延期可能原価…………………… 203

【か】

買入部品費……………………… 17
概算見積………………………… 156
回収期間法……………………… 225
改善原価計算…………………… 139
改善予算………………………… 142
階梯式配賦法…………………… 49
改定頻度………………………… 102
回避可能原価……………… 10, 203
外部失敗コスト………………… 214
価格差異………………………… 113
科学的管理法…………………… 101
加工進捗度……………………… 63
加工費…………………………… 62
加算法…………………………… 154
価値指数………………………… 156
活動基準原価管理……………… 197
活動基準原価計算……………… 188
活動ドライバー………………… 192
貨幣の時間価値………………… 224
完成品換算量…………………… 64

完成品総合原価………………… 62
間接経費………………………… 28
間接材料費………………… 17, 18
間接労務費……………………… 26
管理会計………………………… 3
管理可能差異…………………… 119
管理可能費……………………… 239
管理不能原価…………………… 236
管理不能費……………………… 239
関連原価………………………… 10
機会原価……………… 5, 10, 202, 214
機械時間法……………………… 42
期間原価………………………… 9
基準操業度……………………… 116
基準標準原価…………………… 102
期別・部門別原価改善………… 140
期別・部門別原価改善の手続… 140
キャパシティ・コスト………… 5, 10
狭義の原価企画………………… 151
狭義の原価企画の手続………… 152
許容原価………………………… 138
切捨率…………………………… 224
組間接費………………………… 74
組直接費………………………… 74
組別総合原価計算…………… 11, 74
継続記録法……………………… 22
継続的改善……………………… 134
経費……………………………… 6
原価……………………………… 1
限界原価………………………… 10
原価維持………………………… 132
限界利益………………………… 177
原価改善………………………… 133
原価改善差異…………………… 144
原価加算法……………………… 15

原価企画 …………………………… 134
厳格度 ……………………………… 101
原価計画 …………………………… 98
原価計算 ……………………………   2
原価計算基準 ………………………   4
原価低減 ……………………… 98, 133
原価統制 …………………………… 98
原価の作り込み …………………… 135
原価標準 …………………………… 100
原価法 ……………………………… 23
原価見積 …………………… 100, 156
現金支出原価 …………………… 203
現在価値 ………………………… 229
現実的標準原価 ………………… 101
減損 ………………………………… 83
減損費 ……………………………… 83
減分原価 ………………………… 203
源流管理 ………………………… 134
広義の原価企画 ………………… 151
工業簿記 ……………………………   3
貢献利益 ………………………… 167
公式法変動予算 ………………… 117
工場会計の独立 ……………… 89, 90
工場消耗品 ………………………… 18
工場消耗品費 ……………………… 18
控除法 …………………………… 154
工程 ………………………………… 69
工程完成品 ………………………… 69
高低点法 ………………………… 164, 183
工程別総合原価計算 …………… 11, 69
コスト・コントロール …………… 98
コスト・ダウン ………………… 236
コスト・テーブル ……………… 156
コスト・マネジメント …………… 98
コスト・リダクション ………… 236
コスト・プール ………………… 192
固定費 ………………………… 5, 7, 163
固定予算 ………………………… 116
個別原価計算 …………………… 11, 37

コミッテッド・コスト ……………   5
混合差異 ………………………… 113

【さ】

最小自乗法 ………………… 164, 185
最低所要利益率 ………………… 224
材料費 ……………………………… 6, 17
材料副費 …………………………… 20
差額原価 …………………………… 5, 203
作業時間差異 …………………… 113
3分法 …………………………… 118
3分法（第1法）………………… 120
3分法（第2法）………………… 120
散布図表法 ……………………… 183
仕掛品 ……………………………… 62
時間給制 …………………………… 26
資源ドライバー ………………… 192
事後の原価管理 ………………… 104
支出原価 ……………………………   5
事前の原価管理 ………………… 104
仕損 ………………………………… 83
仕損費 ……………………………… 44, 83
事中の原価管理 ………………… 104
実際原価 …………………………… 8, 99
実際原価改善額 ………………… 137, 143
実際原価計算 ……………………… 11
実査法 …………………………… 182
実査法変動予算 ………………… 117
失敗コスト ……………………… 214
資本コスト率 …………………… 224
資本予算 ………………………… 223
収益性指数法 …………………… 232
修正パーシャル・プラン ……… 108
準固定費 ……………………………   7
準変動費 ……………………………   8
詳細見積 ………………………… 156
商的工業簿記 …………………… 241
正味キャッシュ・フロー ……… 224
正味現在価値法 ………………… 230

消耗工具器具備品費	18
将来価値	229
シングル・プラン	107
数量差異	113
スキャッター・チャート法	164
正常減損費	83
正常標準原価	102
製造間接費	6, 29, 189
製造間接費の配賦計算	2
製造間接費標準	105
製造指図書	37
製造直接費	6, 29, 188
製品原価	9
製品別原価計算	12
積数	80
積数の比	80
折衷法	154
設備投資	223
前工程費	69
全部原価	10
全部原価計算	11
戦略的コスト・マネジメント	134
総合原価計算	11
相互配賦法	49
増分原価	10, 203
素価計算	3
素材費	17
損益分岐点	178
損益分岐点分析	179

【た】

棚卸計算法	22
棚卸減耗費	21
多品種少量生産	130
単一基準配賦法	52
単一工程単純総合原価計算	66
単純回収期間法	225
単純総合原価計算	11, 66
単純投下資本利益率法	225

直課	74
直接経費	28
直接原価計算	163
直接原価法	41
直接材料費	17, 62
直接材料費標準	105
直接材料費法	41
直接作業時間法	41
直接配賦法	49
直接労務費	26
直接労務費標準	105
直接労務費法	41
賃率差異	113
月別原価改善実績表	145
積上原価	138
定点発生	84
出来高制	26
等価係数	80
投下資本利益率法	225
等級製品	79
等級別総合原価計算	11
当座標準原価	102
度外視法	85
特殊原価調査	201
特定製造指図書	38
取替原価	202

【な】

内部失敗コスト	214
内部振替価格	90
内部利益	91
内部利益率法	233
成行原価	139
2分法	118
燃料費	18
能率	101
能率差異	113

【は】

- パーシャル・プラン……………… 107
- 配賦……………………………… 74
- 半製品…………………………… 69
- PDCAサイクル………………… 98
- 非原価項目…………………… 6, 83
- 非度外視法……………………… 85
- 費目別原価計算………………… 12
- 費目別精査法……………… 164, 182
- 評価コスト……………………… 214
- 標準原価……………………… 8, 100
- 標準原価カード………………… 106
- 標準原価計算………………… 11, 103
- 標準原価計算制度の手続……… 103
- 標準原価差異…………………… 112
- 標準製品原価表………………… 106
- 標準配賦額……………………… 115
- 標準配賦率……………………… 115
- 品質原価計算…………………… 213
- 品質コスト……………………… 213
- 品質コスト報告書……………… 215
- VE ……………………………… 142
- VA ……………………………… 142
- 賦課……………………………… 74
- 付加原価………………………… 202
- 複数基準配賦法………………… 52
- 歩留り率………………………… 83
- 部分原価………………………… 10
- 部分原価計算…………………… 11
- 部門別原価計算………………… 12
- 不利差異…………………… 25, 112
- プロジェクト別・製品別原価改善…… 140
- 平均単位原価…………………… 61
- 平均投下資本利益率…………… 225
- 平均発生……………………… 85
- 変動費……………………… 5, 7, 163
- 変動費と固定費の分解………… 163
- 変動予算………………………… 117

【ま】

- マークアップ法………………… 16
- 埋没原価……………… 5, 10, 168, 202
- マイルストーン管理…………… 157
- マネジド・コスト……………… 5
- 見積原価…………………… 100, 139
- 未来原価……………………… 202
- 目標原価……………………… 138
- 目標原価改善額………………… 137
- 目標原価改善総額……………… 142
- 目標原価計算…………………… 151
- 目標原価差異…………………… 156
- 目標原価の細分割付…………… 154
- 目標原価の設定………………… 154
- 目標利益……………………… 175
- 目標利益改善額………………… 141
- 目標利益達成点売上高………… 179
- 目標利益達成点営業量………… 179
- 目標利益法…………………… 16

【や】

- 有利差異…………………… 25, 112
- 予算差異………………………… 117
- 予定価格法……………………… 23
- 予定原価……………………… 100
- 予防コスト……………………… 214
- 4分法…………………………… 118

【ら】

- ライフサイクル・コスト……… 139
- 利益計画……………………… 175
- 理想的標準原価………………… 101
- 良品…………………………… 83
- 累加法………………………… 70
- 累積的回収期間法……………… 225
- 例外管理………………………… 99
- 労務費………………………… 6

《編著者紹介》

村田　直樹（むらた　なおき）
　　1953年　東京都に生まれる
　　1983年　日本大学大学院経済学研究科博士後期課程満期退学
　　1987年－1988年　ロンドン大学歴史研究所研究員
　　1995年　長崎県立大学教授，淑徳大学教授を経て，
　　現　在　元日本大学経済学部教授　博士（経済学）（九州大学）

　　主要著書等
　　『近代イギリス会計史研究－運河・鉄道会計史－』（単著）（晃洋書房）
　　『鉄道会計発達史論』（単著）（日本経済評論社）（日本会計史学会賞受賞）
　　『企業会計の基礎理論』（単著）（同文舘出版）
　　その他，著書・論文多数。

相川　奈美（あいかわ　なみ）
　　1975年　長崎県に生まれる
　　2004年　九州産業大学大学院商学研究科博士後期課程満期退学
　　2004年　愛知学泉大学経営学部専任講師
　　2009年　四天王寺大学経営学部専任講師を経て，
　　現　在　名城大学経営学部准教授

　　主要著書等
　　『管理会計の国際的展開』（共著）（九大出版会）
　　『管理会計の道標（改訂増補版）』（共著）（税務経理協会）
　　『企業会計の歴史的諸相－近代会計の萌芽から現代会計へ－』（共著）（創成社）
　　その他，著書・論文多数。

平成24年5月15日	初版第1刷発行	
平成31年4月10日	初版第2刷発行	**会計による経営管理**
令和4年4月20日	初版第3刷発行	

編著者　　村　田　直　樹
　　　　　相　川　奈　美
発行者　　大　坪　克　行
製版所　　株式会社　東　美
印刷所　　山　吹　印　刷　所
製本所　　牧製本印刷株式会社

発行所　東京都新宿区下落合2丁目5番13号　株式会社　税務経理協会
郵便番号　161-0033　　振替00190-2-187408　　電話(03)3953-3301(編集部)
　　　　　　　　　　　FAX(03)3565-3391　　　　(03)3953-3325(営業部)
URL http://www.zeikei.co.jp/
乱丁・落丁の場合はお取替えいたします。

© 村田直樹・相川奈美　2012　　　　　　　　　　Printed in Japan

本書の無断複製は著作権法上での例外を除き禁じられています。複製される場合は、そのつど事前に、出版者著作権管理機構（電話 03-5244-5088、FAX 03-5244-5389、e-mail : info@jcopy.or.jp）の許諾を得てください。

JCOPY ＜出版者著作権管理機構 委託出版物＞

ISBN978-4-419-05770-1　C3063